한울-시앙스포 총서

HANUL/SCIENCES PO BOOKS

# 총서를 펴내며

이 총서는 무엇보다도 우리의 현실세계에서 논의되는 큰 문제들에 관심을 갖는 일반 독자들을 위해 출간되었다. 그런 만큼 이 총서는 저자들의 면모나 소재면에서 프랑스 사회만의 문제가 아니라 유럽과 전세계의 문제들을 대상으로 하고 있으며, 시앙스포 출판부 나름대로의 방식으로 대중의 대논쟁에 참여하고자 기획·집필된 책들이다.

따라서 이 총서의 목표는 지식인들이나 대학교수 및 연구자들에게 정치, 경제, 사회 전반에 걸친 본질적인 문제들에 대해 생생한 관점을 제공하는 데 있다. 물론 여기에서 관점이란 저자들이 충분한 숙고와 연구 끝에 얻어낸 것이다.

시앙스포 출판부는 여론을 선도하는 전문인들의 영역으로만 논쟁을 한정짓지 않으려고 노력함으로써, 까다로운 사회과학도 스스로의 한계에서 벗어나 사회적 효용을 가질 수 있음을 보여주고자 한다. 사회과학다운 엄정성을 지키면서도 무거움을 버리고, 여론 마케팅의 함정에 빠지지 않고도 시대의 문제에 관심 있는 시민들이 접근할 수 있는 내용을 갖춘다면, 사회과학도 명확하고 간결하게 시대를 증언할 수 있고, 나아가 상투성을 극복하고 편의성의 허상을 폭로할 수 있는 것이다.

비평적 도구와 기술적 예시의 무거움을 덜어내고 지루하지 않도록 짜여진 각 권의 내용은, 학술적인 종합이 아니라 지식인 공동체가 언제라도 활용할 수 있는, 명쾌하고 직접적인 표현으로 되어 있다.

백과사전적인 지식의 나열을 지양하고 현실에서 제기되는 쟁점을 집중적으로 탐구하는 이 총서는 불필요한 군더더기 없이, 지나친 단순함이나 지나친 난삽함을 벗어나 진정한 의미의 대중적 논의 마당을 열어보이고자 한다. 그리하여 이 총서는 진정한 참여의 문화를 건설하고자 부단히 노력한다.

▪ 편집기획위원

베르트랑 바디, 장-바티스트 부아예, 장-뤼크 도므나크,
마리-프랑수아즈 뒤랑, 세르주 위르티그, 알랭 랑슬로,
자크 르카쉐, 티에리 르테르-로베르, 미레이으 페르슈,
도미니크 레니에, 르노 생솔리외, 크리스토프 드 보그드

시앙스포 출판부

한울-시앙스포 총서 7

# 현대인의 정체성

·

알프레드 그로세르 지음
심재중 옮김

# 한국어판 감수의 글

민주사회가 민주시민을 만드는가, 민주시민이 민주사회를 만드는가? 분명한 것은, 민주주의란 단순히 고정된 사회제도가 아니며, 안정과 발전을 위해 시민들의 각성과 참여를 요구한다는 사실이다. 각성된 시민들의 지속적인 정치참여만이 민주사회의 기초를 튼튼히 다지고, 안팎의 변화에 맞춰 개별 사회에 알맞은 민주질서를 형성해간다. 민주화의 첫단계를 지나 좀더 발전된 민주사회를 이룩하려는 우리 사회에서 시민들의 각성과 참여를 가능케 하는 시민사회 차원의 노력은 무엇보다도 중요하다. 한울-시앙스포 총서는 이러한 노력의 하나로 기획되었다.

'세계화'로 불리는 20세기 말의 세계질서 재편과정에서 지구상의 모든 국가, 공동체, 개인은 서로 연결되어 있으며 지구촌 전체의 변화로부터도 자유롭지 못하다. 따라서 자신의 사회질서를 발전시키려는 지구촌의 모든 구성원들은 급변하는 세계질서에 따라 자기 자신의 생활공간과 사회제도를 새롭게 구축해야 한다. 현실세계에 대한 올바른 이해와 깨어 있는 의식에 바탕을 둔 지구촌 구성원들 각자의 노력이 모아져서 개별 사회질서와 세계 전체의 질서는 사람이 살 만하게 바뀔 수 있다. 이 총서의 주제들은 세계를 이해하고 변화시켜 나가려는 지구촌 구성원들이 꼭 알아야 할 현실문제들이다.

이 총서는 대중의 관심을 끌고 있지만 잘 정리되어 있지 않은 사회과학의 여러 분야에 걸친 문제들을 대중성과 전문성의 적절한 균형 속에서 다루고 있다. 미국 중심의 세계질서 재편이 이루어지고 있는 현실에서, 그리고 미국의 영향을 직접 받고 있는 우리 사회에서 프랑스 지식인들이 민주주의와 세계질서 재편을 포함한 현대세계와 관련된 주요한 쟁점들에 대해 보여주는 이해와 비판은 우리 자신의 문제를 좀더 폭넓은 관점에서 바라볼 수 있게 해준다. 그러나 정치, 경제, 문화 각 분야에서 나타나는 우리 사회와 프랑스 사회의 차이는 주제에 따라 엄청난 시각차를 일으킨다. 따라서 이 총서는 독자들의 이해를 돕고 우리 나름대로의 관점을 찾기 위해 각 권마다 해설을 덧붙였다.

다양한 현실문제들을 다루고 있는 한울-시앙스포 총서가 우리 사회에서 건전한 시민문화를 형성하고, 나아가 세계화 시대를 함께 살아가는 인류공동체의 진보에 기여할 수 있게 되기를 바란다.

박순성(동국대 교수, 경제학)

# LES IDENTITÉS DIFFICILES

Alfred Grosser

Presses de Sciences Po

Paris, 1996

LES IDENTITÉS DIFFICILES
by Alfred Grosser

한울-시앙스포 총서 7

# 현대인의 정체성

# 서론—무엇이 문제인가?

『샹들리에 밑으로 혼인비행하는 수파리들』이라는 얄궂은 제목의 희곡 작품에서 피에르 드보슈(P. Debauche)의 등장인물들은 이런 대화를 나누고 있다.

프티투: 사람들 많네!
메르베이유: 맨날 그 사람들이 그 사람들이야!
마리: 네가 가진 그 눈곱만한 진리에 비추어볼 때, 확신에 차 있는 사람들, 자기가 옳다고 확신하는 사람들을 너는 어떻게 생각하니? 자기의 소속과 의무, 종교와 정체성을 곁들여서 아침식사로 세 가지 신조를 먹는 사람들 말이야.
메르베이유: 그렇게들 하면 안심이야 되겠지. 하지만 이 지구가 살아남으려면 정체성이 아니라 지성에 관심을 쏟는 사람들이 많아야 해.

* 이 책의 각주는 모두 옮긴이가 붙인 것입니다.

이 책의 방향이 그런 바람과 완전히 일치하지는 않는다. 오히려 지성을 정체성의 문제에 적용해보려는 것이 이 책의 의도이다. 지성이란 무엇인가? 올바른 사유의 도구이다. '올바르게 사유한다'는 것은 또 무엇인가? 그 표현에는 정확한 사유와 공정한 사유라는 두 가지 의미가 있지만, 사회 속의 인간에 대한 이해가 요청되는 순간부터 그 두 가지는 뗄 수 없는 연관관계에 놓이게 된다. 논리의 일관성과 윤리적인 판단의 일관성이 나란히 함께 가는 것이다. 엠마뉴엘 레비나스*는 그 점을 단호하게 주장하였다. "윤리성이 추상적인 사유 위에 덧붙여지는 부차적인 층위가 아니라는 것을 알아야 한다. 윤리성은 독자적이고도 일차적인 중요성을 갖는다. 제1의 철학은 일종의 윤리학이다." 발레리가 그랬듯이 철학을 '사유의 자기 반성'으로 정의한다면 더욱 그렇다.

나 자신에 대해 끊임없이 자문하지 않고도, 내 사유의 대상과 방식에 대해 스스로 의문을 제기하지 않고도 내가 정말 타인의 태도, 타인의 신념, 타인의 감정에 관여할 수

---

* 엠마뉴엘 레비나스(E. Lévinas, 1906~1995)−리투아니아 태생의 유태계 프랑스 철학자. 후설의 현상학과 하이데거의 철학, 유태 전통으로부터 영감을 받은 독특한 실존 철학을 전개하였다. 주요 저서로 『시간과 타자』(1948), 『전체성과 무한』(1962) 등이 있다. 『시간과 타자』는 한국어 번역판이 나와 있다(강영안 역, 문예출판사, 1996).

있을까? 그럴 때 나는 추론상의 모순과 가치기준의 모순이라는 이중의 모순을 의식조차 못하면서, 비슷한 두 개의 사실, 비슷한 두 개의 상황에 서로 다른 두 개의 논리를 적용하는 우를 범할 수 있다. 1990년 7월 13일자 프랑스 법률은 국제적으로 확인된 집단학살 행위에 대한 부인(否認)을 처벌하고 있다. 하지만 그것은 그 범죄행위가 나치 독일의 이름으로 저질러졌을 경우에만 해당된다. 민족말살의 다른 시도들, 예컨대 아르메니아인들에 대한 학살 행위의 부인은 합법적이다. 독일계 유태인으로 태어난 프랑스인인 나는 스스로의 사고를 점검하지 않는다면 그 모순을 깨닫지 못할 우려가 있고, 그럼으로써 불의를 저지를 위험이 있다.

수십 년 동안 숱한 우리의 지성들이 태평스럽지만 도발적으로 그 이중의 모순을 범해왔다. 공산주의 체제는 그 공식적인 원칙과 목표를 기준으로 분석되고 판단되어야 했다. 반면에 서구 체제에 대한 분석과 판단은 그 체제의 토대를 이루는 기본 가치들과 모순되는 부정적인 현실에서부터 출발해야 했다. 독일이 문제가 될 경우에도, 나치 독일 시기에 대해서는 결정적인 판단 기준이 되곤 했던 공안(公安)과 사법의 방식들이 독일민주공화국을 소련의 일부로 간주하는 순간부터는 경제적인 효율성과 사회적인 변화를 이유로 간과될 수 있었다. 좀더 일반적으로 말해서, 우리 모두는

각자의 의식적인 공감의 정도, 그리고 소속된 사회 집단이
무의식중에 부과하는 사고와 판단의 양식에서부터 출발하
여 분석하고 판단할 위험에 항상 노출되어 있는 것이다.

정립(定立)적인 사고의 건강함, 비판적인 거리를 유지하
면서 사고에 가해지는 반성의 건강함은 끊임없는 노력을
요한다. 두 가지 신중함이 일종의 항구적인 선결 조건이 되
는데, 일반화의 배격과 신인동형동성설(神人同形同性說)적
인 의인화의 거부가 그 두 가지이다. 정체성에 대해 진지하
게 의문을 제기한다는 것은, 줄기차게 사용되는 '~은 ~이
다'식의 정식화(定式化)에 대한 근본적인 불신을 의미한다.
"소크라테스에 의하면 그리스인들은 거짓말쟁이들이다. 그
런데 소크라테스는 그리스인이다. 따라서 소크라테스는 거
짓말을 하고 있다. 그러므로 그리스인들은 거짓말쟁이가
아니다. 따라서 그는 진실을 말하고 있다. 따라서 그리스인
들은 거짓말쟁이들이다. 그러므로 그는 거짓말을 한 것이
다." 이 유명한 이야기에는 어떤 논리적인 오류가 있는가?
'항상'의 반대가 '결코'가 아니라 '때로는 그렇고 때로는
아니다'인 것처럼, '모두'의 반대는 '아무도'가 아니라 '어
떤 사람들은 그렇고 어떤 사람들은 그렇지 않다'라는 점이
다. 그 점을 깨닫는 것이 바로 논리의 엄격함에 있어서나
인간 이해에 있어서나 진일보하는 일이다.

다른 한편으로, 개인들과 소속 집단의 정체성만으로도 충분히 많은 문젯거리들이 제기되는 까닭에, 우리는 유사 - 인간적인 존재들을 만들어낼 필요가 없다. 개념들을 정신과 이성, 의지를 갖춘 살아 있는 실재들로 변형시킬 필요가 없다는 말이다. 자본주의는 사고하지도 않고 욕망하지도 않는다. 파시즘이나 공산주의도 역시 마찬가지다. 그리고 자연 공간의 보호를 염려한다고 해서, 자연을 인격화시키거나 대지의 이름을 가이아(Gaïa), 즉 민감하고 상처받기 쉬운 존재, 존중해야 할 어머니로 바꾸는 식의 극단적인 신인동형동성설이 정당화되는 것도 아니다.

우리가 표방하는 윤리가 모든 인간의 보편적인 정체성을 기본원리로 삼을 때, 원칙적으로 정체성에 대한 질문은 별다른 문젯거리가 되지 않을 수도 있다. 미리엘 주교가 도형수였던 장발장을 맞이하는 첫 장(章)에서부터 『레미제라블』은 젊은 독자에게 얼마나 큰 감동을 주는가! "내가 당신 이름을 알아서 뭘 하겠소? 더군다나 당신이 이름을 말하지 않더라도, 당신한테는 내가 아는 이름 하나가 이미 있는데 말이오. ─제 이름을 알고 있었다니, 정말입니까? ─그래요, 당신의 이름은 나의 형제입니다." 옛 도형수의 누런 여권이 규정하고 있는 것은 전적으로 대화 상대의 사회적인 신분일 뿐이다! 1776년 7월 4일의 미국독립선언은 "모든 인간은 평등하게 창조"되었음을 확인하였다. 1789년 8월 26일의 '인간과 시민의 권리 선언'은 "인간은 자유롭고 평등한 권리를 지니고 태어났다"고 재차 반복하고 있다. 그리고 현재의 프랑스 헌법은 "프랑스 국민은 인종, 종교, 신념의 구별 없이, 모든 인간이 양도할 수 없는 신성한 권리를 소유한다는 것을 다시 한번 선언한다"라는 1946년 헌법 전문의 효력을 견지하고 있다.

그러나 알다시피 현실은 끊임없이 준거 텍스트들을 배반하고 있고, 인간이라는 보편적인 정체성에 근거하는 평등보다는 대개의 경우 신분상의 소속이 더 중요하게 작용한다. 나중에 요한 바오로 2세가 된 보이틸라(Wojtyla) 추기경은 이렇게 기본 원칙을 밝혔다. "'이웃'이라는 단어는 타인의 인간성만을 고려한다. 따라서 '이웃'이라는 단어는 공동체의 가장 드넓은 기초, 모든 종류의 이타성을 넘어서는 기초를 제공한다." 하지만 그 원칙에 상응하게 행동하고 판단하는 것이 가능한가? 미래의 교황은 자신의 가톨릭적인 소속을 특별히 중시하고 있는 것은 아닌가? 부분적으로는 폴란드인이라는 소속이 그를 규정하고 있지는 않은가?

다른 인간들과 동일한 인간이란 하나의 추상이다. 그렇지만 적용 범위가 아주 넓은 추상이다. 모든 인간의 평등한 존엄성을 기준 가치로 삼아 정체성들 사이의 갈등에 관심을 쏟는 것도 금지되어 있거나 불가능한 일은 아니니까. 그렇지만 진리 그 자체, 자유와 정의 그 자체라는 것은 여전히 존재하지 않는다. 다만 우리가 아는 것은 좀더 정의로운 상황, 좀더 완전한 자유가 있다는 점이고, 좀더 많은 진실을 찾는 사람들과 자기가 아는 진실을 고의적으로 감추거나 왜곡하는 사람들 사이에는 커다란 차이가 있다는 것이다.

나는 누구인가? 나는 무엇인가? 그에 대한 확실한 대답이 가능한가? 좀더 겸손하게 질문해야 하는 것이 아닐까? '나는 나를 누구라고 생각하며 무엇이라고 생각하는가'라고. 또는 좀더 복합적으로, '당신들은 나를 무엇이라고 생각하는가? 그들은 내가 무엇이라고 생각하는가?'라고. 대체로, 이렇게 질문해야 하는 것이 아닐까? '그들은 우리를 무엇이라고 생각하는가? 우리는 그들을 무엇이라고 생각하는가? 결국 우리는 우리를 무엇이라고 생각하는가?'라고. 실제로 각자에게 '우리'란 복합적이고, '그들'은 한층 더 복합적이다. '우리'가 단 하나의 소속을 가리키는 것이 아니기 때문이다. 어떤 극적인 순간들을 제외하고는, 근본적인 이타성으로 간주되는 어떤 단 하나의 소속에 '우리'가 대립되는 것이 아니기 때문이다.

‘소속’이라는 단어를 프랑스의 『프티 로베르(Petit Robert)』 사전은 이렇게 정의하고 있다. “한 개인이 어떤 집단(인종, 국가, 계급, 정당……)에 속한다는 사실. 정치적인, 사회적인, 종교적인 소속 따위.” 그러나 누가 그 사실을 정의하는가? 누가 그 사실을 확증하는가? ‘공동체’라는 단어는 “그 구성원들이 함께 사는, 또는 공통의 관계와 관심사를 갖는 사회 집단”이라고 정의되어 있다. 그들은 다른 공동체들과 지정학적으로 떨어져 사는가? 그들에게는 구성원들 내부의 상호관계만 있는가? 그들 공통의 관심사는 각 구성원이 다른 인간 집단들과 공유하는 관심사들과는 성격이 다른, 좀더 근본적인 관심사인가? 혹은 “한 민족 집단에 개별성을 부여해주는 집단 고유의 문화적인 특징들의 총체. 그 집단에 대한 한 개인의 소속감”이라고 같은 사전에 정의되어 있는, 단순한 ‘문화적인 정체성’의 문제인가? 한 사회 내의 특수한(특히 정치적인) 행동들의 동기를 이루는, 실질적인 작용력을 갖는 개별성의 문제인가? 문제의 감정은 그 감정을 느끼는 다른 개인들의 행동과 유사한 행동들을 유발하는가? 그 감정은 자발적인 것인가, 아니면 교육과 환경의 우연한 결과물인가?

그 감정은 집단의 내부로부터 결정되는 것이지만, 어쩌면 우선은 외부로부터 결정되는 것인지도 모른다. 개인은

"동일자, 자기 자신이 되어야 하며 내면으로부터 자기 정체성을 인식해야 한다"는 엠마뉴엘 레비나스의 호소, "개인의 정체성은 그 개인을 가리키는 손가락에 의해 밖으로부터 규정되는 것이 아니다"라는 주장에도 불구하고, 밖으로부터의 손가락질에 의한 자기동일시가 결코 드문 일은 아니다. 1994년에 나는 싱가포르 대학에서 학생들을 가르친 적이 있고, 독일의 고등학교를 방문하여 학생들과 토론한 적이 있었다. 그 가운데 17살 짜리 소녀 하나가 낙심과 고통이 뒤섞인 어조로 내게 말했다. "제게 딸이 있는데, 그 애가 17살이 되었을 때는 자기가 독일 여자라고 밝혀도 상대방한테서 비난과 의심의 눈길을 받지 않게 될까요?" 아프리카 전문가들에 의하면, 그곳의 주민들은 식민 지배자의 부추김이 있기 전까지는 결코 선험적으로나 자발적으로 자신들을 후투족(族)과 투씨족(族)으로 구분하여 생각하지 않았다고 한다. 나의 아버지는 정규적으로 대학에서 학생들을 가르치면서 소아과 병원을 운영한 독일인 의사였다. 또한 그는 '유태 교파'에 속해 있기도 했다. 유태인이라는 일차적인 정체성을 그에게 부여한 것은 히틀러의 손가락이다.

이러한 확인으로 충격적일 수도 있는 질문 한 가지가 떠오른다. 그렇게 손가락질의 대상이 된 개인과 집단은 그 손가락이 그려놓은 주형(鑄型) 속으로 항상 그렇게 흘러들어갈 수밖에 없는가? 배제에 의한 집단화에 왜 굴복해야 한단 말인가? 집단의 적, 집단의 학살자가 특별히 중요성을 부여한 소속에서 일차적인 자기 규정을 이끌어내는 것은 학살자에게 영원한 승리를 안겨주는 일이 아닌가? 거꾸로, 그 식별(識別)의 손가락이 긍정적인 일차적 정체성의 계시자로 간주될 수도 있을 것이다. 얼마나 많은 유태인들과 아메리카 흑인들이 그 손가락을 그런 식으로 느꼈던가!

내게 정말로 하나의 정체성이 있는가? 나는 남자이며, 여자가 아니다. 이 사실은 프랑스 사회에서 여전히 숱한 부당한 특권들을 내게 부여한다! 나는 교수, 그러니까 공무원이다. 이 사실은 사회적 지위(나를 독일이나 이탈리아의 공무원과 비슷하게 만드는)에 의한 신분확인을 내게 제공하며, 그 자체로서는 독일 실업자의 신분과 비슷한 나의 신분을 프랑스의 잠재적이거나 실제적인 실업자와 구별해준다. 나는 파리 사람이고, 나는 리용이나 로리앙, 콜마르에 사는 이들보다 (오지의 잊혀진 마을은 굳이 계산에 넣지 않더라도) 문화생활을 위해 몇 배나 더 많은 재정적 지원을 국가로부터 받는다. 나는 네 아들을 둔 가장이고, 그 네 아들의 직업 활동이 아이를 갖지 않기로 선택한 내 직장 동료들의 퇴직 연금을 조달한다. 아버지라는 내 신분의 효과가 단지 사적인 것에 그치지 않는 것이다! 대학 교수인 나는 강사들에게는 주어지지 않는 온갖 종류의 특권을 누렸다. '학교 선생들'의 집단에 속한다는 사실에서 내가 어느 정도까지 나의 정체성을 확인할 수 있는가? 자동차에 타고 있을 때의 나, 자동차 운전자일 때의 나는 자전거 타는 사람들을 싫어한다. 자전거에 타고 있을 때의 나, 자전거를 타는 사람일 때의 나는 자동차 운전자들을 미워한다. 이게 바로 흔히 말하는 정체성의 갈등 혹은 갈등하는 정체성이 아니겠는가?

내가 보기에 나의 정체성은 내 소속들의 총합이다. 그에 더하여, 바라건대, 그 소속들을 종합하고 제어하는 어떤 것이다. 각각의 소속, 각각의 신분은 표상의 개념에서 출발하는 이중의 질문을 끊임없이 스스로에게 제기하게 만든다. 표상이란 단어의 첫번째 의미에서, 나는 스스로의 귀속을 어떤 식으로 상상하는가? 객관적이고 확인가능한 사실의 몫은 어디까지이고, 이미지를 단순화함으로써 현실을 변형시키는 신념들과 상상의 몫은 어디까지인가? 표상이라는 단어의 두번째 의미에서, 소속 사회, 특히 정치 사회 내부에서 누가 나를 대표하는가? 다시 말해서, 내가 보기에, 누가 나의 이름으로 혹은 이러저러한 내 정체성의 이름으로 말하는 권리를 갖고 있는가(또는 가로채고 있는가)?

　정체성이 무엇인지 이해하려 한다면 결코 일차적인 사실 확인에 그쳐서는 안될 것이다. 외부로부터의 규정이든 자기 규정이든 간에 확인 사실에 대한 해석과 표상이 정체성의 규정에 항상 영향을 미친다. "신이 남자와 여자를 창조하였다"라고 성서에는 씌어 있다. 그리고 모든 사람이 양성간에는 차이가 있음을 인정한다. 그러나 지그문트 프로이트에 의하면, 남근이 없다는 우울한 자기 확인에서부터 여자는 해석되어야 한다. 그러니 여자라는 정체성의 열등한 성격은 자명한 사실이다! 나의 경우에는, 약간의 정액을 방출하는 것 말고는 생명을 낳는 다른 능력이 내게 없다는 사실이 내가 가진 야심과 적극적인 행동주의를 상당 부분 설명해준다. 매번 출산을 목격할 때마다, 나는 남자로서의 내 정체성에 열등감을 느꼈던 것이다!

　하지만 출산 능력으로 여자의 정체성을 규정하는 것은 얼마나 여자를 축소시키고 훼손하는 규정인가! 그 점에 대해서는 과거나 지금이나 종교에 상당한 책임이 있다. 그리고 이제는 어린 시절부터 예전처럼 그렇게 열등한 사회적 역할이 주어지는 상황이 아님에도, 종교의 영향과는 관계없이, 어머니로서의 여자는 여전히 회사와 직장에서 차별을 받고 있다. 그리고 결정적인 순간에는 사회적인 이미지가 여전히 남성 정체성에 특권을 부여한다. 1980년에 철학자 루이 알튀세르(L. Althusser)가 자기 아내를 목졸라 죽였을 때, 온통 연민의 물결이 지식인 사회와 매체를 휩쓸었다. 살인자는 연민의 대상이었지만, 그의 아내 엘렌느는 거의 동정을 받지 못했다. 그가 위대한 인물로 평가되었기 때문에? 또는 단지 그가 남자였기 때문에? 1990년에는 유명한 독일인 부부 한 쌍이 세상을 떠났다. 그들은 녹색당의 기수들이었다. 퇴역 장성인 게르트 바스티안(G. Bastian)과 그의 아내 페트라 켈리(P. Kelly)*가 동반자살을 한 것이다. 그런데 정말 그랬는가? 남자가 잠들어 있는 아내를 죽이고 나서 자신을 쏜 것이다. 그 여자가 죽으려 했다는 증거는 어디에도 없었다. 상황이 반대였다면, 여자는 살인자 취급을 받았을 것이다.

모든 정체성은 시간이 흐르면서 변할 수 있다. 집단적인 정체성, 부류나 집단에 의해 규정되는 정체성은 특히 그렇다. 세대 범주만 해도 그렇다. 노인들(여론조사기관들의 기준으로는 '65세 또는 60세 이상의 사람들')의 예를 보자. 자치단체의 재정적인 지원을 받아 온갖 활동을 하면서 의욕에 넘쳐 있는 '제3세대'의 노인들과 거의 대부분이 쇠약하고 병든, 수십만의 85세 이상 노인들 사이에 오늘날 어

* 전 독일녹색당 당수.

떤 공통점이 있는가? 또 '청소년'이란 누구를 말하는가? 우선 시대와 공간에 따라 다르다. 아시아와 아프리카에서는 청소년과 어린이들이 가혹한 노동으로 심신의 손상을 입어가며 착취당하고 있다. 그러나 원칙적으로는 오래 전부터 개인의 인격을 존중해온 유럽에서도, 지난 세기에 빈민층 어린이들이 어떤 대접을 받았던가? 프랑스에서, "공장이나 제조소에 고용된 어린이들의 노동에 관한" 1841년 3월 22일자의 법률은 가히 혁명적인 것이었다! 8살 미만의 어린이들은 고용이 금지되었고 8살에서 12살까지는 하루에 8시간 이상 일할 수 없게 되었으며, 12살에서 16살까지는 12시간 이상의 노동이 금지되었다. 약간의 조정을 거쳐서 그 법안이 실효되기까지는 다시 30년을 기다려야 했다!

어리다는 것, 그것은 정체성의 세대 범주인가? 예전에는 직업 활동, 대개의 경우 임금노동 활동을 수행하면서 사회 생활이 시작되었다. 그런 의미에서는, 어린 노동자가 이미 오래 전부터 어른인 나이에 학생은 아직 어렸다. 오늘날에는 학업 때문에 사회에 편입되지 못한 학생들의 수가 엄청나게 증가했다. 그렇다면 이제 온통 실업으로 주름진 사회에서, 아직 첫 직장을 구하지 못한 청년이나 처녀를 청소년기에서 벗어난 것으로 간주할 수 있는가? 청소년이라는 정체성 범주를 결정하는 또 다른 기준에서 보면, 훨씬 때

이른 탈청소년기 현상이 발견된다. 12살이 되면 아이들은 공적·사적 영역의 삶에 대해(단지 성에 대해서만이 아니다!) 그들의 부모나 조부모가 20살에 알았던 것보다도 더 많은 것을 안다. 개인의 정체성은 그런 사실들로부터 영향을 받는다. 예를 들어, 이백만에 달하는 학생들 중의 한 학생이라는 것과, 얼마 전까지도 그랬던 것처럼, 몇십만 학생들 중의 한 학생이라는 것은 다르다.

어쨌든 개인의 정체성 역시 시간의 영향을 받고, 시간이 흐르면서 변한다. 형법은 판사나 배심원에게 범죄를 저지른 사람과 피고인을 같은 사람으로 간주할 것을 요구하지만, 판사나 배심원은 그 동일성에 의문을 품어야 한다. 그런데 범법자나 범죄자의 경우만 그런 건 아니다. 우리 중의 그 누구라도 거부하고 부정할 어떤 항구성, 영속성에 의거하여 우리 자신을 판단할 권리를 타인에게 허용하는 순간부터, 정체성의 연속성이 문제가 된다. 롤랑 바르트(R. Barthes)*의 입장이 바로 그런 것이었다.

그렇다면 우리는 뒤에 이어지는 이 책의 각 장에서, 정체성을 확인하는 우리의 방식, 정체성을 규정하는, 정체성

---

* 국내에도 많이 소개되어 있는 프랑스 기호학자이자 문학비평가. 그의 중요한 관심사 중의 하나가 언어와 권력, 글쓰기와 권력의 관계라는 문제였다.

의 포개짐과 얽힘을 규정하는 우리의 방식이 최근까지도 지금과 다르지 않았겠는지, 그리고 정체성을 이해하고 경험하는 우리의 현재의 방식 속에서 우리 자신의 정체성이 어느 정도까지 타인의 정체성에 대한 우리의 인식에 영향을 미치는지 끊임없이 자문해야 하지 않겠는가? 만일 당신이 확실성의 악령과 순수한 과학성의 환상에 이끌린다면, 1945년 1월에 로제 마르탱 뒤 가르(R. M. du Gard)가 앙드레 지드(A. Gide)에게 쓴 편지에서 발췌한 다음 귀절을 음미해보시라. "그들은 자신들의 순응적인 태도가 자기 신념의 전적인 표현이기 때문에 현재로서는 강요된 순응주의는 전혀 없다고 철석같이 믿고 있다."

그러므로 우리가 타인들의 사회적인 귀속에 관심을 갖느냐 아니면 그들의 사적인 삶에 관심을 갖느냐 하는 것, 정치 영역에서의 그들의 입장에 관심을 갖느냐 아니면 그들의 내면에 관심을 갖느냐 하는 것은 중요하지 않다. 사실 여러 세기 전부터 공적인 것과 사적인 것의 분리 그 자체가 정치적인 쟁점이 되어왔음을 우리는 확인하게 될 것이다. 나아가 오늘날에는 태아(胎兒)의 정체성이나 죽어가는 사람의 정체성까지도 공공 자원의 공정한 분배나 국가 기능의 재설정과 마찬가지로, 정체성과 관련된 차이·분쟁을 배경으로 한 정치적인 갈등과 대립을 야기한다는 사실을 확인하게 될 것이다.



확인하게 될 것이다.

# 1
## 정치적인 귀속의식

정치는 집단의 현재와 미래를 총체적으로 조절·관리·방향설정하기 위하여 지도자들이 행사하는, 또는 지도자들에게 가해지는 권력과 힘의 총체라고 정의할 수 있다. 그런 식의 정의는 권력의 소재 확인이라는 문제로 연결된다 — 권력이라는 단어는 "누가, 누구에게, 언제, 어떻게, 무엇을 하게 만드는 권력인가?"라는 질문과 결코 분리될 수 없기 때문이다. 그렇지만 권력이 행사되는 공간이자 그 대상인 집단(들)의 정체성 확인도 마찬가지로 문제가 된다. 경계 확정을 통한, 각각의 집단에 최소한의 동질성을 부여해주는 내용(들)의 탐색을 통한 확인.

1888년에 곡조가 붙여져 장차 공산당과 사회당의 당가

(黨歌)가 되고 1944년까지는 소련의 국가였던 '인터내셔널'의 가사를 외젠느 포티에(E. Pottier)는 1871년 6월에 썼다. 지금은 보통 그 후렴만이 기억되고 있다.

> 최후의 투쟁이다.
> 뭉치자, 그리고 내일이면,
> 인터내셔널이
> 인류를 대신할 것이다.

이미 여기에 1848년에 칼 마르크스가 「공산당 선언」에서 표명한 바 있는 고결하지만 근거 없는 생각이 드러나 있다.

> 개인에 의한 개인의 착취가 사라짐에 따라서 민족에 의한 다른 민족의 착취도 사라진다. 한 민족 내부의 계급 갈등이 소멸하면 민족간의 적대 또한 소멸한다.

해방된 노동자들의 전세계적인 정체성이 다른 모든 대립적인 정체성보다 우선하는 것이다. 그 이후로도 노동자들 사이에 민족적인 정체성에 기인하는 유혈 대립이 얼마나 많았고, 계급 갈등이 없는 사회를 공표한 '노동자들의 조국'에서 얼마나 많은 노동자들이 힘에 의해 굴복당했는가! 그리고 여전히 착취당하면서도 프롤레타리아 계급은 피식민 민족들에 대한 억압에 무수히 동의하지 않았던가!

　‘인터내셔널’이 담고 있는 경제적인 정체성 인식도 역시 단순하다. 한편에는 노동자와 농민이 있고

　　생산자들이여, 질곡에서 벗어나자.
　　……
　　노동자, 농민이여, 우리는
　　위대한 노동자들의 당이다.

다른 한편에는

　　절정에 다다른 흉측한 제왕들
　　광산과 철도의 제왕들
　　노동을 강탈하는 것 말고
　　그들이 한 일이 무엇인가?

　모두가 ‘게으름뱅이’들인 지주와 고용주들이 있다. “대지는 인간들”만의, 다시 말해서 대지를 경작하는 자들만의 것이다. 연극 <코카서스 산맥의 백묵원>의 마지막 긴 독백에서 베르톨트 브레히트(B. Brecht)가 표명하고 있는 것도 바로 그것이다.

　　모든 사물은 그 사물을 더 나은 것으로 만드는 자의 것
　　……
　　계곡은 거기에 물을 대는 사람의 것
　　대지로부터 최상의 과실들이 자라나도록

그렇다면 태고적부터의 사막은 석유 회사들의 것이거나 아랍 땅에 오렌지 농장을 세운 유태인들의 것이고, 알제리 땅은 프랑스인 정착민들의 것인가? 서로 상반되는 원칙들에 의한 합법적인 소유자의 확인이 가능한 것이다.

'인터내셔널'이 고발하고 있는 두 개의 정체성("국가는 억압하고 법은 속인다")에 대한 인식도 마찬가지다. 포티에가 '인터내셔널'을 쓰던 당시에 이미 독일 사회주의자들은 국가 공동체 내에서 공공의 삶에 참여하고 있었고 강자들로부터 약자들을 보호해줄 법률을 요구하였다. 그렇다고 해서 법을 강자들이 약자들을 억압하기 위해 사용하는 도구로 간주한 1968년의 항의가 잘못된 것일까?

평화주의자들을 구별해주는 원칙들도 마찬가지다. "우리 사이에는 평화를, 폭군들과는 전쟁을, 군대를 거부하자"고 포티에는 쓰고 있다. 1932년과 1944년에 루이 아라공[*]이 쓴 두 편의 시를 비교해서 읽었다면, 그는 뭐라고 했을까?

> "삼색기를 쓰레기장에 던져버리자!
> 붉은 깃발이 최상의 깃발!
> 젊은 노동자여, 그들의 프랑스는

---

[*] 프랑스의 초현실주의 작가. 1920년대 후반부터 공산당에 가입하여 활동하였다.

절대로 그대의 조국이 아니다."

"어찌 내가 꽃을 말할 수 있겠는가?
나의 모든 글 속에 어떻게 외침이 없을 수 있겠는가?
오래된 무지개로부터 나는 세 가지 색깔을 간직하고 있을
뿐
내가 좋아하던 곡조는 당신들이 추방해버렸지……."

그러므로 국제적인 영역에 있어서든 정치 사회의 내적 작동에 있어서든 혹은 경제적·사회적인 권력의 해석에 있어서든, 우리가 읽어낼 수 있는 정체성들(부여된, 혹은 자기부여된)의 작용은 아주 복잡한 규칙들을 갖는다. 만약 어떤 규칙들이 있다면 말이다.

## 국제적인 영역

『하나의 세계—세계는 하나』. 1943년에 뉴욕에서 출판되어 나중에 불어로 번역된 책의 제목이다. 저자는 미국의 대통령 자리를 놓고 루즈벨트와 경쟁하던 웬델 윌키(Wendell Willkie)였다. 전 인류 공동의 정치적인 정체성이라는 꿈은 오래된 것이다. 그 꿈은 두 가지 다른 형태로 나타날 수 있는데, 그 첫번째 형태는 이제 현실적으로 사라져버린 듯하다. 프랑스어의 '범세계주의(cosmopolitisme)'는 그

다지 어감이 좋지 않다. 민족 정체성을 절대시하거나 우선시하는 사람들이 경멸적으로 사용하는 경우가 아니더라도, 그 단어는 관계의 단절과 연대의 파기를 떠올리게 한다. 반면에 독일어의 '세계 시민권(Weltbrgertum)'은 다른 연대성들과의 갈등을 내포하지 않는 듯하다. 그렇지만 이 단어도 모든 사람들을 포괄하는 하나의 집단과 개인 사이의 동화(同化)라는 생각을 표현하고 있기는 마찬가지다.

국제 연맹, 그리고 그 뒤에 나온 유엔은 직접적으로 모든 개인들을 포괄하지는 않고—선언적인 의미, 그리고 각 개인의 권리 보호라는 원칙적인 의미에서는 그렇지만—국가 자격의 정부만을 포괄하는 하나의 질서를 꿈꾸었다. 그러나 '국가 자격의 정부'라는 규정은 명백하게 설명되지도 않았고 또 지켜지지도 않았다. 1945년 이후, 특히 1960년 이후에는 얼마나 많은 집단들이 정부 자격으로 유엔에 가입하기 전에 국가로 인정을 받았는가!

어떤 기구(機構)에 대해서 의문을 제기하기 전에 그야말로 '국제 공동체'라는 현실을 고려해야 하는 것일까? 국제 공동체라는 표현은 정치적인 담론과 미디어에 끊임없이 등장한다. 그렇지만 그것은 그저 수사적인 활유법(活喩法)이고 신인동형동성론의 한 예일 뿐이다. "국제 공동체는 인정하지 않는다…… 바란다…… 바라지 않는다……." 이런 말들은 허구이다. 때로는 위험하고 때로는 위안이 되는 허구, 때로는 창조적이기도 하지만 대개는 무력함을 도덕적으로 꾸미는 표현일 뿐이다.『트로이 전쟁은 일어나지 않을 것이다』에서 쟝 지로두(J. Giraudoux)*는 형편없는 법률가인 뷔지리스의 입을 빌어 이렇게 말하고 있다. "그들의 상륙을 허용한다면, 당신은 분쟁시에 전세계의 공감을 이끌어낼 수도 있는 피공격자라는 자격을 잃게 될 것입니다." "한 국가가 멸망해도 그 국가가 지닌 국제적인 도덕성의 우위에는 전혀 변함이 없습니다." 개입하지 않는 공감, 행동하지 않는 도덕성, 이런 것들이 바로 '국제 공동체'의 가장 두드러진 성격들이다. 최근의 티벳과 체체니아에서 우리는 그 실례들을 발견할 수 있다.

많은 평론가들의 글을 읽어보면, 상당히 현실적인 기구인 유엔에 대해서도 가혹한 비판을 가하는 듯하다. 그들은 유엔을 드골 장군처럼 '거시기'라고 부르지는 않지만, 그저 단순한 포럼 정도로 간주한다. 지금까지의 여러 실패들에 비추어볼 때, 국가간의 조화를 결집하고 조직하는 통일적인 기구란 한갓 허구에 불과하다고 생각하는 것이다. 그렇지만 유엔은 정체성의 차원에서 두 겹의 현실성을 지니고

* 프랑스의 극작가.

있다. 첫번째는 신념의 차원에 속하는 현실성이다. 1990년 이후로, 세계의 장(場)을 더 이상 하나의 핵심적인 갈등만으로 규정할 수 없게 되면서 이는 한층 강화되었다. 유엔이 적절하지 못하게 또는 적절하지 않은 때에 개입한다고, 무력하다고, 명확한 의지를 표명하고 실천하기에는 그 체제가 충분히 강력하지 못하다고 도처에서 불만스러워한다. 유엔 기구의 역할을 인정하지 않는다면, 잠재적인 세계 정부로서 유엔이 개입해줄 것에 대한 호소가 없다면, 그런 불만도 없을 것이다. 비판의 대상은 유엔의 개입 권한이 아니라 그 현실적인 무력함이다. 하나의 바람직한 세계 질서에 대한 동화(同化)가 많이 증진된 것이다. 아직도 유엔이 여러 국가들의 단순한 집합체이기를 바라는 사람이 있는가?

사실 유엔은 그런 식의 집합체로 축소된 적이 없다. 유엔의 두번째 현실성을 알려면, 국제통화기금(IMF)과 세계은행을 보면 되고, 세계 문화 유산의 보존을 위한 유엔의 활동을 보면 된다. 국제통화기금의 권한은 좋게든 나쁘게든 많은 나라들의 내정에 큰 영향을 미치고 있다. 그리고 잘 드러나지는 않지만, 유엔과학문화기구(UNESCO)는 세계적이라고 인정받는 어떤 문화의 이름으로 룩소르나 베니스에서 엄청난 금액을 쓴다. 공동의 것으로 여겨지는 문화, 다시 말해서 세계 공동체를 확인시켜주는 문화를 위해 공동적립금이 사용되는 것이다. 마찬가지로, 이른바 개발도상국이라는 137개 국가에 진출해 있는 유엔아동기금(UNICEF)은 모든 어린이들의 동등한 존엄성이라는 원칙, 모든 어린이들과의 세계적인 연대성이라는 원칙에 토대를 두고 있다.

그러나 유엔이나 그 전문기구들에 대해서는 세계화라는 단어가 잘 쓰이지 않는다. 유엔이 국가들로 구성되어 있고 또 그 국가들에 의해서 유지되는 까닭에 유엔의 행동은 국제관계적인 사안이다. 초국가적이라는 수식은 다른 종류의 현실, 다른 종류의 정체성 확인에 사용된다. 경제라든가 정보, 국경을 초월하여 영향력을 행사하는 기구들 따위가 그런 것들이다.

국제 경제의 가장 힘있는 주역, 미국 정부를 포함한 모든 정부들이 벌벌 떠는 주역의 특징은 얼굴도 지능도 의지도 없다는 점이다. 통화 시장은 인격도 아니고 권력 기구도 아니다. 그것의 본질은 힘이다. 무수한 지성과 열망, 투기들로 형성되어 있다는 점과 그 세계적인 규모에 통화 시장의 특성이 있기 때문이다. 정보 기술의 발전으로 통화 시장의 세계성은 즉각적으로 실현된다. 밤 사이에 도쿄에서 벌어진 일에 대처하기 위해 파리에 해가 뜨기를 기다리는 일은 이제 더 이상 있을 수 없다. 누가 그것을 움직이는가?

역겨운 투기꾼들인가? 그렇지만 르노(Renault) 자동차나 위지노르(Usinor)*의 재정 책임자가 회사의 재원을 비축하려 애쓰지 않는다면, 그래서 시장을 예측하고 시장에 투자함으로써, 다시 말해서 시장에 참여함으로써 비축 재원을 늘리려고 시도하지 않는다면, 그는 무책임한 사람이 되고 말 것이다.

그러나 세계화가 저절로 생겨난 것은 아니다. 통화 시장의 얼굴 없는 권력이 갑자기 커지기 시작한 것은 1971년 8월 15일, 달러 가치를 금 시세와 분리하기로 한 미국의 결정이 국제 통화체제를 삐그덕거리게 만들면서부터이다. 단일 통화에 대한 유럽연합의 바람은 통화의 안정성이 시장의 급격한 변동에 영향을 덜 받는, 지리적으로 단일한 지역을 만들고자 하는 욕구의 표현이다. 이 경우에 '단일'하다는 것은 무엇을 의미하는가? 독일의 중앙은행과 정부는 제도로써 구현될 정치적 공동 의지의 존재가 중요하다고 대답한다. 프랑스 쪽에서는 공동 통화 그 자체만으로도 충분히 동질성이 확보된다고 평가하는 것 같다.

내부의 권력 관계야 어떻든, 이른바 다국적 기업들에게는 일종의 지능과 의지가 있는 것처럼 보인다. 진출 지점들

* 프랑스의 대표적인 철강 그룹.

만 '다국적'이고, 경영의 중심은 엄격하게 한 국가에 한정되어 있는 기업들이 특히 그렇다. 네슬레, 르노, 월트 디즈니가 그런 경우들이다. 그렇지만 기업간의 상호 참여와 협력만으로도 이미 중심 권력을 찾아내는 것은 어려운 일이 되었다. 게다가 정보화 시대가 가져온 관리의 분산과 상호 연결 때문에 개별 기업이라는 개념 자체가 불명확해지고 있다. 관련국들의 조세가 유일한 문제겠지만!

세계화라는 개념 자체도 불명확하다. 현실적으로 끊임없이 확산되고 있는 초국가적 현상들의 규모 때문만은 아니다. 세계적인 쌍방향 커뮤니케이션을 이야기하려 한다면 인터넷이라는 단어로 족하다. 문제는 언어의 오용에 있다. 세계화는 세계의 통일을 만들어내기보다 약자들을 배제하면서 강자들을 통합한다. 바마코(Bamako)나 모스크바에 과연 통화시장을 움직이는 주역들이 있는가? 그곳 사람들은 권력 행사에는 참여하지 못하고 그저 권력 작용을 감수할 뿐이다. 키갈리(Kigali)와 뉴욕과 파리 사이의 커뮤니케이션에 무슨 쌍방향성이 존재하는가? 르완다는 하나의 대상이었고 그 끔찍한 현실은 세계적인 정보 권력자들의 기분에 따라서 그때그때 토막 뉴스에 언급되기도 하고 빠지기도 했다. 유엔의 승인을 받은 비정부기구들(NGO)이든 또는 조직력이 떨어지고 눈에 덜 띄는, 지위가 확실치 않은 단체들이든 간에, 초국가적인 영향력을 지녔거나 여러 나라에 진출해 있는 단체들의 행동도 그러한가? 그린피스나 앰네스티 인터내셔널은 여러 나라에 진출해 있고 또 그 행동이 (하나는 환경을 위한 것이고, 다른 하나는 고문과 사형제도를 폐지하기 위한 것이지만) 국가들을 상대로 하는 까닭에, 그만큼 시선을 끈다. 그 두 단체는 발언할 수 없는 처지에 있는 희생자들을 대신해서 목소리를 낸다. 앰네스티 인터내셔널의 경우에는 그 명분이 쉽게 정당화될 수 있다. 그러나 그린피스가 바다표범의 보호를 주장할 때, 그들의 발언이 현재나 미래의 인류를 위한 것이라고 장담하기는 어렵다. 죽은 소의 고기가 프랑스에서 많은 주민들의 생존을 확보해주는 것 이상으로 죽은 바다표범의 고기도 그런 역할을 하고 있기 때문이다.

하나의 영토(국가 규모의 영토일지라도)를 기준으로 규정할 수 없는 힘이나 현상들이 늘어나면서—또는 생겨나면서—분석에서 초국가적인 망이라는 개념의 중요성이 점점 더 커지고 있다. 문제는 경제적인 관계일 수도 있고 종교나 정치를 포함한 온갖 종류의 사회적인 관계일 수도 있다. 정체성 확인이 자명한 경우는 드물다. 세계적인 관철 현상이 국지적인 성격이 상대적으로 강한 중심의 추동력과 나란히 가는 경우에는 특히 그렇다. 라틴아메리카의 많은 프로테스탄트 종파들이 미국으로부터 재정 지원만 받는 것은 아니다. 로마의 권한이라는 문제는 차치하더라도, 전세계적으로 가톨릭 교회는 신앙의 불모화라는 까다로운 문제에 직면해 있다. 동일한 의식(儀式), 동일한 신앙의 말씀과 내용이 특정한 지역의 특정한 역사 속에 뿌리내린 특수성들을 표현한다면, 과연 보편적인 정체성을 말할 수 있겠는가?

초국가적인 현상들의 증가·확산을 근거로, 문제는 지리적인 복수성이거나 위치를 확정지을 수 없는 힘과 신념들의 집합이라고, 지정학의 토대이자 전통적인 정치 사상의 토대였던 영토는 이제 그 중요성을 크게 상실했다고 말할 수도 있을 것이다. 그렇지만 여전히 계속되는 끔찍한 분쟁들, 직접적으로 수많은 사람들을 죽게 하고 고통스럽게 하는 분쟁들은 영토의 확장이 목적이거나 분명한 경계가 그어진 한 영토의 내부에서 벌어지고 있는 것이 사실이다.

분쟁의 그 두 가지 유형이 결합되거나 겹쳐치는 일이 점점 더 빈번해지고 있다. 영토 내부의 동질성이 그 영토의 대외적인 정체성과 일치하는 것으로 간주된다. 다양한 사람들이 모여 시민국가를 이루는 영토상의 국가 대신에, 민족적인 소속에 따라 결정되는 공통의 정체성을 지닌 사람들만으로 채워진 영토가 필요한 모양이다. 옛 유고를 피로 물들인 분쟁에서 유엔과 미국, 유럽 국가들은 '영토=단일 민족=국가'라는 등식을 결국 인정하고 말았다. 이는 단순히 그 나라들이 표방하는 정치철학과 윤리에 상반될 뿐 아니라 아주 나쁜 두 가지 결과를 낳기도 한다. 첫째로, 함께 사는 것에 익숙해져 있는 사람들, 마을, 도시, 지역 안에서 서로가 비슷하다는 생각에 익숙해져 있는 사람들로 하여금, 타인들과 대립적으로 인식되는 자신들의 민족적 정체성 안에 어쩔 수 없이 웅크러들도록 방임하는 결과를 낳는다. 둘째로는 표방하는 바와는 달리, '인종 청소'를 부추기는 결과를 낳는다.

너무 쉽게 망각되고 있지만, 선례들이 있었다. 제1차세계대전이 끝난 뒤에, '국제 공동체'는 터키와 그리스 간의 상호 주민교환을 승인했을 뿐만 아니라 조장하기까지 했다. 다시 말하면, 임시 집단수용소(원칙적으로는 '임시' 수용소였다)의 굶주림과 비참 속으로의 강제 이주, 그리고 수만 명에 달하는 죽음을 승인했던 것이다. 제2차세계대전이 끝나자 미국과 영국은 소련의 제안에 따라, 가혹했던 베르사유조약조차 인정한 바 있는 독일 영토로부터, 혹은 쉬데트 (Sudètes) 지방처럼 아주 오랜 이주지로부터 1,200만 명의 독일인들을 추방하는 데 동의하였다. 문제는, 무엇보다도 장차 있을지 모를 반환 청구를 무산시키기 위해 폴란드와 체코로부터 독일 민족을 쫓아내는 데 있었다. 게르만 인종의 우월성, 거주민들이 퇴거당한 영토에 대한 게르만 인종의 권리를 선언하고 실천한 히틀러에 대한, 이해할 수는 있지만 야만적인 보복이었다.

민족적인 영토 반환 청구는 아직 점유하고 있지 않거나 일부만을 점유하고 있는 영토에 대해서도 제기될 수 있다. 그렇다면 그때까지 그 영토에서 살아온 사람들은 어떻게 되는가? 팔레스타인에 대한 영국의 위임통치가 끝나기 직전인 1948년 5월, 이스라엘의 독립선언은 다음과 같이 밝히고 있다.

> 유태 민족이 독립 국가를 세울 권리에 대한 유엔의 승인은 결코 철회될 수 없다. 게다가 여타 민족들과 대등한 민족이 되고 주권을 가진 자신의 국가 안에서 자기 운명의 주인이 되는 것은 유태 민족의 당연한 권리이다…… 이스라엘은 여러 나라에 흩어져 있는 유태인들의 이민을 받아들일 것이다. 그리고 모든 주민들을 위해서 국가를 발전시켜나갈 것이다…… 이스라엘은 인종, 종교, 성별의 구별 없이 모든 시민들에게 평등한 사회·정치적인 권리를 보장해줄 것이다.

뒤이어 이스라엘을 상대로 발발한 전쟁 기간 동안, 이스라엘 군대는 최소한 수십만 명의 아랍계 팔레스타인인들의 이주를 가속화시켰다. 그렇다면 토지 소유에 있어서나 시민권의 행사에 있어서나, 남은 사람들에게 애초에 약속했던 평등을 어떻게 보장해줄 수 있겠는가? 아랍인들은 획득할 수 없는 정체성에 의해 규정되는 하나의 민족과 동일한 외연을 갖는 국민을 국가가 대표한다면 말이다.

경계선 때문에 성기는 갈등 또는 한 영토 내부의 갈등에도 불구하고, 구획과 경계가 흔히 정체성을 만들기도 한다는 정반대의 현실을 잊지는 말아야 한다. 함께 관리되고 함께 교육을 받는다는 단순한 사실, 동일한 권력 기구에 참여하고 있거나 대립하고 있다는 사실 하나만으로도 공통의 소속 이상의 어떤 공통의 정체감이 만들어지고 길러진다. 침략자들이 아프리카의 부족들 사이에 그어놓은 경계보다 더 인위적인 것이 어디 있겠는가? 그렇지만 그 경계들을 기초로 독립이 이루어졌을 때, 내부의 불안에도 불구하고 신생국가들은 유지되었다. 신생 정부들이 영토의 안정에 집착하였고 또 유엔이 회원국가들의 존속을 택했다는 이유도 있었지만, 그에 못지않게 어떤 소속감이 생겨났기 때문이다.

때로 민족 정체성은 일정한 경계를 갖는 영토를 요구하기에 이른다. 그 가장 비극적인 예는 아마도 쿠르드족(族)의 경우일 것이다. 쿠르디스탄은 터키, 이란, 이라크로부터 떨어져나와야 했고, 그 때문에 세 나라는 쿠르드족을 무수히 학살하였다. 또한 경계는 그 경계 안에 포함될 공동체와는 무관하게 주장되기도 한다. 신생 알제리의 지도자들은 지역주민들의 의사와는 전혀 관계없이 사하라 유전지대를 요구·획득하였다. 단지 식민국가가 그 지역을 알제리에 합병했었다는 이유만으로 그렇게 한 것이다. 그 결과는 식민국가였던 네덜란드가 만들어놓은 경계선의 틀을 계승한 인도네시아의 경우보다는 덜 비극적이었다. 사람들에게 인도네시아인으로서의 신분을 받아들일 의사가 있는지 전혀 물어보지도 않은 채, 학살 행위를 통해 그들의 영토를 합병시켰던 것이다.

민족 자결권은 참으로 훌륭한 원칙이다. 그러나 민족이란 무엇인가? 한 집단의 자유 의지는 어떻게 표현되는가? 그 의지는 어떤 순간에 어떤 방식으로 형성되고 정당화되는가? 1935년의 국민투표에서 온전히 독일이 되고자 했던 자르(Sarre) 지방 주민들은, 1947년 10월에는 독일과의 분리를 선택했다. 표면적으로 드러나지는 않았지만, 문제의 핵심은 파괴되고 굶주린 독일보다 프랑스의 보호 밑에 있는 것이 물자 공급이나 사회 보장 측면에서 나았다는 사실이다.

한 단어에 주어지는 의미도 달라질 수 있다. 1989년 라이프치히와 드레스덴의 거리에 "Wir sind das Volk"라는 구호가 울려퍼졌을 때, 프랑스 언론들은 "우리는 인민이다"라고 잘못 번역하였다. 인민의 화신임을 자처하는 권력에 맞서 "인민은 우리다"라고 외쳤을 텐데 말이다.

그 다음에는 독일의 통일을 요구하는 "Wir sind ein Volk(우리는 하나의 민족이다)"라는 구호가 나왔다. 하지만 통일 독일에서 'Volk'라는 단어에는 또 다른 애매한 의미가 있다. 우선 그 단어는 시민들로 구성된 인민, 민주 권력의 정당성을 기초하는 인민을 가리킨다. 동시에 국적에 관한 1913년 법률의 존속은 소속이 여전히 민족적으로 규정됨을 의미한다. 독일인 부모에게서 난 자식들만이 독일 국적에 대한 완전한 권리를 갖는 것이다.

시민권 청구는 오늘날 프랑스를 포함한 많은 나라들의 내정에서 중요한 문제가 되고 있는데, 결국 내정의 문제로 다루어져야 할 것이다. 반대로, 더 우선시되는 어떤 정체성을 이유로 시민의 일원이 되기를 거부하는 요구도 결코 드물지 않다. 물론 정체성 요구가 분리된 단위 국가의 창설을 목표로 하지는 않는다. 퀘벡의 독립을 원하지는 않으면서도 퀘벡인이기를 원할 수는 있다. 또 스페인으로부터 분리된 카탈로니아 국가를 요구하지는 않더라도 카탈로니아인이기를 원할 수는 있으며, 벨기에의 소멸을 바라지는 않더라도 플랑드르인이기를 원할 수는 있다. 그러나 세 경우 모두, 그러한 정체성의 요구는 동일한 국가 소속에 의해서 규정되는 인민, 다시 말해서 '국민(Staatsvolk)'과 동일시되는 국가 안에서 시민이라는 정체성에 주어지는 우선권과 대립한다. 소속 또한 여러 가지 방식으로 규정될 수 있는 것이다. 그 한쪽 끝에서는 개인의 다양한 정체성에 대한 권리와 시민권이 나란히 간다. 다른 한쪽 끝에서는 빈번히 게벨스(Goebbels)의 끔찍한 명제가 적용되고 있다. "너는 아무것도 아니고, 너의 민족이 전부다!"

## 정당성과 정치

권력의 정당성(正當性)에 대한 판단은 대부분 신념의 문제에 속한다. 그런 의미에서, "마리 앙트와네트는 반역 죄인인가?"*라는 질문에는 두 가지 상반된 대답이 가능하다. 마리 앙트와네트 자신이 보기에는, 결코 반역 죄인일 수 없다. 왕권의 정통성이 공식적으로 렝스(Reims)에 있었기 때문이다. 비록 외국의 군대일지라도, 정당한 권력을 사

* 마리 앙트와네트(1755~1793)는 프랑스의 왕 루이 16세의 왕비로 정치에 큰 영향력을 행사하였다. 프랑스 대혁명 당시에 미라보가 제안한 입헌군주제를 거부하고 외국 군대의 힘을 빌어 왕권을 지키려고 시도하였다. 결국 혁명재판소에서 사형을 선고받아 처형되었다.

용하여 군대를 부른 것이 결코 비난받을 일은 아니었다. 하지만 대혁명의 가장 혁명적인 측면은 권력의 원천을 바꾸었다는 데 있다. 이제 권력의 원천은 인민이었다. 따라서 인민을 공격하기 위해 외국에 도움을 청하는 것은 다름아닌 반역 행위였다.

그렇지만 인민의 신분을 어떻게 판단하는가? 누가 국가에 소속되는가? 프랑스에서 인민과 국가라는 두 개의 용어는 1789년 이래로 겹쳐져 있다. 예컨대 1946년 헌법 전문은 두 용어를 구별 없이 사용하고 있는 것처럼 보인다. "프랑스 인민은 선언한다. ……국가는 지키고…… 보장하고…… 선언한다." 글의 말미에 가면 그 두 용어는 사라지고 대신 '프랑스'가 등장한다. 영토 내의 모든 거주자가 주권을 가진 인민이 아니라는 것은 너무나 분명하다. 무엇이 시민의 자격을 판별해주는가? 1790년 1월 28일에 탈레랑(Talleyrand)이 국민의회에 제출한 한 보고서의 전문(全文)을 인용해야 할지도 모르겠다. 「보르도에 정착한 포르투갈 계(係) 유태인들이 요구한, 주권을 갖춘 시민 자격의 취득에 관한 보고서」가 그것이다. 그는 국왕의 공개장과 소청자들의 동화에 근거하여 그들의 완전한 시민 자격을 결론짓고 있다. "그들에게는 별도의 법률이나 재판소, 관리가 없다……. 그들은 다양한 재산을 소유하고 있고, 다른 프랑스인들과 마찬가지로 온갖 세금을 납부하고 있다……. 그들은 부르주아 시민계급의 권리에 참여하고 있다(선거 참여, 국민 의용대 복무)." 그들은 포르투갈계 유태인과 프랑스 시민의 신분을 동시에 인정받고 있는 것이다.

오늘날에는 외국인이 세금 납부나 사회보장공제를 통해서 프랑스인이 되지는 못한다. 그러나 지방 선거의 외국인 참여에 대해서는 논의가 이루어지고 있고, 마아스트리트 조약은 조약이 규정하는 '유럽 시민권'의 소지자에게는 그러한 선거 참여를 허용하고 있다. 그런데 왜 프랑스 거주 외국인은 프랑스인이 되지 않는 것일까? 다른 대부분의 나라들보다는 귀화가 용이하다. 그리고 귀화와 동시에 모든 권리가 주어지며 프랑스 국민으로서의 정치적·법적 신분이 완전히 획득된다. 다만 1982년 이후에야 그렇게 되었다. 그 전에는, 귀화한 사람이라도 5년이나 10년 간 공직에는 오를 수 없었다.

좀더 일반적으로, 프랑스인이 된다는 것은 무엇을 의미하는가? 기존의 공동체에 융합되는 것인가, 아니면 개인 자격으로 또는 어떤 집단의 일원으로 기존의 공동체에 편입됨으로써 그 공동체의 정체성을 변화시키는 것인가? 동화가 반드시 출신과의 단절을 야기하는 것은 아니지만, 장차 동국인(同國人)이 될 사람들 공통의 우세한 정체성에 편입되는 결과를 낳는 것은 사실이다. 아마도 기존의 국민 공동체에 융합되도록 하는 프랑스 최고의 유인책은 1993년 1월 8일자 법률일 것이다. 그 법률에 의해, 자신의 성명(姓名)이 동화에 방해가 된다고 생각하는 사람은 누구라도 성이나 이름을 바꾸는 것이 가능해졌다. 성명 호칭상의 정체성을 포기하는 것, 그것이야말로 개인적인 정체성 차원의 진정한 단절이 아니겠는가?

국민적인 정체성의 공유를 실현하기 위해서는 동화되어야만 하는가? 아니면 개인들 사이의 차이뿐 아니라 국민적인 정체성 내부의 상이한 여러 정체성 집단들의 공존까지도 인정될 수 있는가? 레바논은 바로 그런 식의 공존 위에 세워진 나라이다. 1943년에 수정된 1926년 헌법에 따르면, "모든 공동체들은 공평하게 공직과 정부에 참여한다." 미국에서는 국민적인 정체성을 민족들간의 공존, 나아가 상호 융합에서 찾는 경향이 점점 강해지는 가운데, 최근 들어 스페인계 이민의 대량 유입이 새로운 문제들을 제기하고 있다. 스페인계가 이제 인구의 10분의 1을 차지하게 된 것이다. 그중의 3분의 2는 미국에서 태어났기 때문에 자동적으로 완전한 자격을 갖춘 미래의 시민들이다.

프랑스에서는 국민적인 정체성의 정의가 '다문화주의(multiculturalisme)'(교육과 관련하여 명확히 밝혀야 할 개

넘)에 대한 거부에, 실제로는 소수 민족들에 대한 정치적인 시민권의 부정에 기초하고 있다. 그러한 발상의 파장은 아주 크다. 프랑스에 정착한 주요 종교(가톨릭, 신교, 유태교, 이슬람)의 대표자들이 1995년 9월 공동 선언을 통하여 테러 행위를 규탄하고 자의적인 일반화에 의한 상호간의 알력이 생겨나지 않도록 하려는 공동 의지를 표명하였을 때, '인종 차별과 반유태주의에 반대하는 국제 연맹(Licra)'은 그 선언에서 '공동체주의'를 정당화하려는 제스처를 읽어 냈다.

> 우선 개인을 한 공동체 내에 위치시킨 다음에야 국민으로서의 신분을 허용하는 것…… 그것은 광신(狂信)이 하는 일이다……. 국민은 결코 공동체들의 집합일 수 없다.

프랑스인이면서 동시에 토고인이자 브르타뉴인이었던 전임 통합 장관 한 사람이 주창한 개념에서부터 해결책을 모색하는 것이 낫지 않을까? 현재 코피 얌그난(Kofi Yam-gnane)은 피니스테르 도의회의 의원이자 한 작은 읍의 읍장이다. 그 읍에서는 안건들을 의회에 넘기기 전에 아프리카식의 원로회의에서 먼저 토의를 한다. 그에 따르면, '공화국 차원의 통합'은 프랑스 공화국의 기본 원칙들을 받아들이고 그에 복종하는 것을 조건으로 차이에 대한 권리를 인정한다. 예컨대 아내와 일방적으로 이혼하려 한 모로코 출신의 회교도 프랑스인에게 내려진 기각 판결을 파기원(破棄院)이 승인한 것은 그러한 맥락에서다. 비록 문화적인 전통에 의한 것일지라도, 여자아이들의 성기를 절제하는 행위가 처벌받는 것도 역시 마찬가지다.

　　원칙적으로 시민 개인들간의 정치적인 평등에 기초를 두고 있는 프랑스 공화국의 통일성은 연방주의와 양립할 수 없는 것으로 여겨져왔다. 연방주의가 시민들의 대표권에 심각한 왜곡을 초래하는 것은 사실이다. 강력한 권한을 지닌 미국의 상원은 주(州)당 두 명의 상원의원으로 구성되어 있기 때문에, 오레곤주(州)의 의원은 캘리포니아주의 의원보다 일곱 배나 더 '무게가 나간다'. 독일 연방의회인 분데스라트에서 세 의석을 갖는 브레멘의 의석 하나는 여섯 의석을 갖는 라인-베스트팔렌의 한 의석보다 13배나 무게가 더 나간다. 하지만 그것 때문에 전체적인 국민 정체성이 정말 훼손되고 있을까? 만일 그렇다면, 프랑스의 상원도 국민 정체성을 훼손하고 있기는 마찬가지다. 인구가 백 명 미만인 4천여 자치읍의 선거인 한 사람은 마르세유시의 선거인 한 사람보다 스무 배나 무게가 더 나가니까! 그렇지만 정체성의 차이로 모든 이차 의회(議會)를 정당화할 수는 없는 것일까? 예컨대 연방이지만 1291년 이래로 통합 국가인 스위스의 소속 주(州), 상원에서 불평등한 대표권을 갖는 프랑스의 자치읍들, 사회·경제위원회*에서의 소속 직종, 나아가 사회주의 체제(예컨대 유고의 티토 정권) 또는 조합주의 체제(포르투갈의 살라자르 정권)의 이차 의회에서의 소속 직종 따위가 그런 차이들이다.

법이 모든 국민에게 동등하지 않을 수 있다는 것을 프랑스에서는 상상하기 어렵다. 다른 나라에서는, 비록 많은 논란이 있기는 하지만 법제의 중복이 인정되고 있다. 16개의 학제(學制)가 있는 독일에서, 공립학교의 모든 교실에 십자가를 걸도록 의무화한 바바리아의 법률을 헌법재판소가 보편성의 원칙을 이유로 무효화시킨 것이 타당한 일이었는가? 미국에서는 최고법원이 1973년에 미 전역에 걸쳐 임신 중절을 합법화시켰을 때, 연방주의에 배치된다는 심한 비판을 받았다. 그리고 1976년에 최고법원이 사형을 합헌이라고 밝힌 이후로, 그토록 중요한 사안에 대한 각 주의 자율성이 증명되었다. 주 전체의 3/4이 사형 집행을 허용하는 법제를 갖고 있고, 그중 24개 주가 실제로 사형을 집행했던 것이다.

* 프랑스에서 1958년에 만들어진 경제·사회 분야의 정부자문기구. 정부 대표와 각 분야의 대표들로 구성된다.

정치적인 정당성의 유일한 원천은 국민 전체라는 원칙, 모든 시민을 포괄하는 공동체라는 원칙이 사실 프랑스에서도 항상 지켜진 것은 아니다. 민주적인 정당성—다수가 국민 전체의 의사를 대표한다고 전제하는—에 대한 이의 제기는 1940년과 1960년경에 특히 심했다. 사람들은 모든 권력을 페텡 장군에게 양도한 7월 9일과 10일의 상·하원 표결을 불법으로 간주하였다. 어떤 사람들에게는 적법성이 그 이유였고, 드골 장군에게는 휴전을 수락하는 모든 정권은 불법적인 정권이라는 것이, 또 다른 사람들에게는 비시 정부의 구성과 정책들이 그 이유였다. 알제리 전쟁은 프랑스의 영토를 포기하거나 프랑스인들을 국민 공동체로부터 배제시키는 정부는 결코 정당한 정부로 간주할 수 없다는 입장과, 고문과 약식 처형, 보복적인 학살을 용인하는 정의롭지 못한 국가나 정부에 저항하는 것은 정당하다는 입장을 대립시켰다. 그리고 국민투표에서 80%가 개헌에 찬성했음에도 제5공화국은 그 '쿠데타'적인 뿌리 때문에 정당성에 이의를 제기당했다.

오늘날에는 그런 종류의 이의 제기가 별로 눈에 띄지 않지만, 정당성의 근거가 되는 보통 선거 자체가 윤리적인 차원에서 문제시되고 있다. 헌법위원회가 생긴 이후로, 특히 위원회의 결정들이 1789년의 권리선언과 1946년 헌법의 전문에 근거하여 이루어지면서부터, 다수당은 더 이상 하고 싶은 대로 모든 것을 할 수 없게 되었다. 프랑스의 사정은 미국이나 독일의 사정과 점점 더 비슷해지고 있다. 법원은 어떤 법률의 일부 또는 전체가 비합헌적이라고 선언함으로써 그 법률을 무효화시킬 수 있다. 이 경우에 법관들의 출신은 중요하지 않다. 세 나라 모두, 그 새로운 역할 때문에 법관들의 정치적인 정체성에 변화가 생기고 있다. 친구였던 왕이 교회를 왕권에 복종시키려는 목적으로 영국 교회의 수장에 임명하였지만 교회를 위해 왕에 반대하다가 순교당한 토머스 베케트(T. Becket)의 경우까지 거슬러올라가지 않더라도, 일반적으로 법관들은 제도의 공복으로서, 어떤 임의의 법률이 다수의 의지보다 더 항구적이고 더 근본적인 원칙들에 위배된다는 견해를 표명하곤 했다.

민주주의는 법치국가와 동일시된다. 다시 말하면, 공동생활의 규칙들에 대한 명확한 규정을 필요로 한다. 그 결과로 놀라운 현상이 생겨난다. 여러 달 동안 정치적인 토론이 행해진다. 의회는 때로 격렬하기까지 한 대립의 와중에서 법안을 토의하고 수정한다. 결국 투표가 행해지고, 법안은 가까스로 통과된다. 그런데 법률 텍스트가 ≪관보(官報)≫에 실리는 순간부터, 법의 강력한 권위 때문에 텍스트는 일종의 실체 변환을 겪는다. 이제 법률학자들은, 신화적인 개

넘이지만 규칙의 확정과 정당화에 필수적인 개념인 '입법자의 의지'에 대해 논평을 가할 것이다.

그 규칙의 적용을 담보하는 것은 사법과 경찰이라는 두 가지 제도이다. 다원적 민주주의 체제에서 사법과 경찰은 공히 분쟁 해결의 공평성과 처벌·예방의 불편부당성을 구현해야 할 것이다. 신분에 따라 사람들을 다르게 대우하지 말아야 하는 것이다. 이런 관점의 목가적인 성격, 즉 현실이 흔히 그것과 다르다는 사실은 수없이 지적되어왔다. 물론 그런 현실에는 수긍이 가는 이유들도 있다. 대등하지 않은 사람들을 대등하지 않게 다루는 것, 약자보다 강자를 엄하게 다루는 것은 부당한 일이 아니기 때문이다. "부자들이 가난한 사람들보다 정직하다는 증거는 부자가 빵을 훔치는 걸 아무도 본 적이 없다는 사실"이라는 아나톨 프랑스(A. France)의 씁쓸한 농담을 떠올리는 것도 부당한 일은 아니다. 그러나 대개는 대규모 사취보다 절도를 더 엄하게 벌하는 법률이라든가 자신의 사회적 신분에 영향을 받는 법관들의 행태가 문제다. 그렇게 되면 사법이 정당한 질서의 토대인 불편부당한 규칙과 동일시되지 않을 위험이 생겨난다. 독일 반체제 젊은이들의 야유는 사회와 정치의 핵심을 건드리고 있다. "질서는 무엇이고 무질서는 무엇인가? 무질서: 그 어떤 것도 있어야 할 자리에 있지 않은 것. 질서: 마땅히 있어야 할 자리에 아무것도 없는 것!"

이런 표현이 경찰에 적용되는 상황은 없어야 할 것이다. 1968년에 한 사회학자는, 좌파 지식인이란 '자신이 권력을 잡으면 경찰이 필요없을 것이라고 생각하는 사람'이라는 재미있는 정의를 내렸다. 그런데 모든 사회는 경찰을 필요로 한다. 그렇지만 경찰은 규칙과 규칙의 수호에서 자신의 정체성을 찾아야 하고, 또 그렇게 인식될 수 있어야 한다. 1968년의 학생 소요 당시에 파리 경찰국장이었던 모리스 그리모는 자신의 휘하 사람들에게 아주 명쾌한 서한 하나를 보냈다. 범법 행위를 종결시키기 위한 무력의 사용은 불가피하고 정당한 것이지만, 경찰차 안이나 파출소에서 시위자 한 사람이 맞아 쓰러지는 순간부터 경찰은 그 정당성을 상실한다는 내용이었다.

1986년 3월 18일자 ≪관보≫에는 경찰 윤리 규정을 신설하는 법령이 발표되었다. 거기에는 간단하지만 그 이후로 번번이 지켜지지 않은 원칙들이 담겨 있었다.

제7조 : 국가 경찰 공무원은 국적이나 출신, 사회적인 신분이나 정치·종교·철학적인 신념에 관계없이 모든 사람을 절대적으로 존중한다.
제10조 : 체포된 모든 사람은 경찰의 책임하에 보호를 받는다. 그는 경찰 공무원으로부터 폭력을 당하거나 비인간적·비인격

적인 대우를 받는 일이 결코 없어야 한다…….

민주주의 이론에 의하면 권력은 시민이 갖는 힘의 발현이어야 하고, 시민은 스스로를 단순한 백성으로 인식하지하지 말아야 한다. 하인리히 만(H. Mann)은 『백성(Der Untertan)』이라는 제목의 소설에서 정반대의 상황을 훌륭하게 묘사하였다. 1913년에 씌어진 그 소설에는, 영세 섬유 제조업자인 주인공이 브란덴부르크 문 밑으로 말을 타고 지나가는 황제를 보며 환호하는 군중들 속에 섞여 있는 장면이 나온다.

> 맥주를 마셨을 때보다도 더 아뜩하고 기분 좋은 취기에 그는 발끝을 세워 허공으로 몸을 들어올렸다. ……의기양양하게 문처럼 늘어선 행렬 밑으로 권력이 말을 타고 지나가고 있었다! 우리들 머리 위로 지나가고 우리가 그 신발에 입맞추는 권력! ……우리는 그 권력에 거스르는 어떤 일도 할 수 없다. 우리 모두가 그 권력을 사랑하기 때문에!

민주주의 체제에서조차 시민은 스스로를 시민으로 인식하지 않으려는 유혹, 그저 자기 직분에 만족하면서 통치의 수고는 정치를 직업으로 하는 사람들에게 맡겨버리려는 유혹에 이끌린다. 또는 권력에 영향력을 미칠 수 없다는 사실, 권력의 소재를 분명하게 확인할 수조차 없다는 사실에

낙담하는 경우도 있을 수 있다. 프랑스에서 대통령의 직접 선거가 그토록 빨리, 전폭적으로 받아들여진 까닭이 무엇이겠는가? 영국과는 다른 프랑스의 진정한 특수성을 헌법이 은폐하고 있었던 것이다. 영국은 물론 의회제를 시행하고 있지만, 유권자는 의원을 보고 투표하기보다 퇴임 정부나 그를 대체할 야당을 보고 투표한다. 제3·4공화국 시절의 프랑스에서 유권자는 자신의 권한을 의원이나 정당에 위임할 수밖에 없었고, 그 정당은 마음대로 다른 정당들과 함께 차기 집권을 위한 다수파를 형성하였다. 대통령의 직접 선거는 수백만의 시민들에게 마침내 권력의 지명(指名)에 참여하고 있다는 확신을 주었다.

그런데 영국의 유권자는 보수파이거나 노동당 지지파일 때에만 정부를 선택할 수 있다. 선거법은 흔히 권력의 배분에 결정적인 역할을 하지만, 그 시시비비를 명확하게 가리기는 어렵다. 영국의 제3당은 희생자이다. 단기명 일차 투표제가 자유당 유권자들의 진정한 대의(代議)를 불가능하게 만들기 때문이다. 1974년 2월의 선거는 기록적인 결과를 낳았다. 자유당이 19.3%의 득표로 겨우 2%의 의석을 차지했던 것이다. 비례대표제 덕분에, 독일의 자유당은 6%의 득표율을 가지고도 양대 정당 중의 어느 당과 함께 집권할 것인지를 고민한다. 기민당과 사회당 유권자들의 입장에서는 얼마나 불공평한 일인가!

정당이 무엇인지도 자문해보아야 한다. 미국의 공화당과 민주당은 선거 조직이다. 의원들은 그룹에 복종하지 않으며 투표 규율을 따르지도 않는다. 유럽의 사회당과 공산당은 오래 전부터 정치적인 귀속의 공간 그 이상이었다. 그 구성원들에게 당은 사회적인 동화를 의미했고, 집단 행동에 참여함으로써 공장과 사무실, 작업장의 고독으로부터 벗어나 하나의 집단과 일체가 되는 것을 의미했다. 일반적으로 정당은 유사하면서도 상이한 이해관계들, 가까우면서도 갈등 관계에 있는 사회집단들 사이의 일차적인 종합, 절충을 목표로 한다. 정당은 여러 정체성들을 상대화시키고 뛰어넘을 수 있게 해주는 하나의 포괄적인 정체성을 제시한다. 오늘날 프랑스를 포함한 많은 나라들에서 그렇듯이, 정당이 불신을 받으면 정당이 갖는 포괄적인 정체성의 층위가 사라지면서 부문들 사이의 갈등이 점점 더 통제 불가능하게 된다.

정당은 국가 기구의 한 부분인가? 정당은 직접적으로 권력을 구성하는가? 드골 장군은 정당의 그런 역할을 부정했다. 다른 나라들과 마찬가지로 프랑스에서도 오늘날에는 둘 사이의 분리가 명확하지 않다. 선거에 이긴 정당이 집권하고, 그 정당이 권력이기 때문이다. 어떻게 말해야 할까?

정당의 지도자들이 통치권도 행사한다고 해야 할까? 당원들이란 그저 보병 부대에 불과하기 때문에, 장관들은 자신의 소속 정당을 정부와 유권자 사이의 단순한 동력전달 벨트 정도로 간주한다고 말해야 할까? 그러면 의회 민주주의에서 정당은 왜 유권자가 아니라 당원들과 동일시되는가?

1954년에 사회당의 최고의결기구인 전당대회는 유럽공동방어체제를 창설하는 조약을 통과시켰다. 그런데 하원에서 대부분의 사회당 소속 의원들이 비준 거부에 투표하였다. 당은 주요 이탈자들에게 제재를 가했다. 의원들은 유권자들 앞에 제시된 후보 명부에 자신들의 이름을 올려준 당에 의석을 빚지고 있지 않은가? 하지만 의원들은 이렇게 말했다. 일단 선출이 되면, 의원들은 당이 아니라 유권자들 앞에 책임을 져야 하는 것이 아닌가라고. 그에 대한 공산당의 대답은 언제나 한결같았다. 의석은 당에 귀속되고 의원들은 당의 지도에 복종해야 한다는 것이었다.

정당 안에서는, 누가 당수를 지명하는가? 독일 사민당은 1993년에, 프랑스 사회당은 1995년에 직접민주제(전 당원의 투표)를 도입하였다. 1971년에 재창당된 이래로 프랑스 사회당은 아주 개별적이고 대립적인 '경향(courants)'들로 형성되어 있었다. 이른바 '경향'들을 만들면서도 당의 규약은 분파를 금하고 있다는 점에서, '경향'이라는 단어는 참으로 기이한 표현이다.

좀더 일반적으로, 정당의 정체성을 이루는 것은 무엇인가? 정당의 강령, 입장, 목표, 당원들과 지지 유권자들의 사회적인 소속, 당내 권력을 조직하는 방식, 다양한 층위에 걸친 정치 권력의 역할들을 수행하는 방식인가? 국민전선(Front national)*의 성격을 둘러싼 논쟁은 그 질문에 대답하기가 얼마나 어려운지를 보여준다. 유권자의 투표가 어느 정도까지 정당에 대한 소속감과 일치하는지 알 수 없다는 점에서 더욱 그렇다.

## 사회와 경제

권력의 장에서 정당들은 그 구조나 동화 방식이야 어떠하든, 정치 영역 내부에서 시민의 일정한 대의(代議)를 모으는 존재로 인식된다. 그러나 시민을 대외적인 대표기구인 국가의 기초 구성 요소로만 간주한다면 모를까, 시민의 정체성은 결코 시민권으로 축소될 수 없다. 대통령이나 정부를 언급하면서 "프랑스는 바란다……. 프랑스는 선언하

---

* 쟝 마리 르펜이 이끄는 프랑스의 극우 정당. 1972년에 창당된 이래 항상 극단적인 민족주의적 강령들을 제시함으로써 정치·사회적인 논쟁거리가 되어왔다.

고, 인정하고, 거부한다……"라고 말하는 경우, 의인화되고 과장되기는 했지만 그 표현이 의미하는 바는 분명하다. 정부에 의해 모든 시민이 연루된다는 것이다. 정부가 인도차이나 전쟁이나 알제리 전쟁을 확대하기로 결정했을 때, 그 결정에는 정부의 정책에 반대하는 시민들조차도 연루되었다. 정부가 가난한 나라들에 대한 원조를 결정한다면, 단지 납세자라는 자격으로서일 뿐이지만, 국민전선의 지지 유권자들도 너그러운 프랑스의 일부를 이룬다.

그러나 대내적으로 프랑스는 결코 개별 시민들의 집합으로 이루어져 있지 않다. 계몽주의를 계승한 프랑스 대혁명은 1791년 6월 14일의 르 샤플리에 법(法)을 통하여 커다란 과오를 범했다. 모든 사람은 평등하기 때문에 조합이나 단체, 조직으로 사람들을 규합하는 것은 불법이라는 것이었다. 그렇게 해서 대혁명은, 전혀 평등하지 않은 사회에 편입된 개인의 존재를 무시해버리는 개인주의적 자유주의를 낳았다. 기업주와 노동자, 일자리 제공자와 구직자, 강자와 약자는 임금과 노동조건을 정하는 데 있어 대등한 입장이 아니었다. 임금노동자들의 조직 결성을 금하는 것은 사용자에게 힘을 보태주는 꼴이었다. 르 샤플리에 법의 이념은 한 세기가 지난 1884년에야 노동조합이 합법화될 수 있게 만들었다. 그 이념을 극명하게 표현한 것은 1866년에 파기원(破棄院)이 내린 이른바 '나막신' 판결이다. 쟁의조정위원회가 나막신을 신고 작업장에 들어온 한 여직공에게 규정에 따라 공장주가 부과한 벌금을 10프랑(임금에 비추어 볼 때 엄청난 액수였다)에서 50상팀으로 낮추어주도록 결정했다. 그런데 파기원이 그 결정을 파기한 것이다.

> 공장의 직공으로 들어온 줄리아르라는 여성은 그 규정에 동의했으면서 그 규정을 어겼는 바…… 체결된 계약은 계약 당사자들에게 법의 효력을 지니는 바, 또한 계약 불이행자는 손해배상으로 일정 금액을 지불한다는 것이 계약에 들어 있다면 계약 당사자에게 그보다 많거나 적은 금액이 지불될 수는 없는 바…….

마치 채용 당시에 줄리아르라는 여인이 공장 내부 규정의 변경을 놓고 협상이라도 할 수 있었다는 듯한 말투다! 일터 내에서 노동자들에게 사적인 공간은 허용되지 않으면서 공장, 제조소, 광산은 공적인 영역의 바깥에 있었기 때문에, 기업주가 절대 군주와 같은 권력을 행사하던 시대였다.

조직화되어 있지는 않더라도, 사회적인 정체성 집단들은 실재한다. 법률에 의해 전혀 구조화되어 있지 않은 경우에도, 집단들은 위계화될 수 있다. 『하늘을 문질러 깨끗하게 하는 법(How to scrape skies)』이라는 소책자에서 풍자

작가인 조지 마이크스(G. Mikes)는 미국의 인종적인 서열을 다루고 있는 장(章)의 제목을 '멸시하는 법'이라고 달았다. 그 장에서 저자는, 사람들이 자기들보다 열등하다고 간주되는 부류에게 던지는 멸시의 시선에서 출발하여 집단적인 자기정체성 확인의 메커니즘을 보여주고 있다. 갓 이주한 흑백 혼혈의 유태인은 누구 위에 있을 수 있는가라는 단순한 질문을 그는 제기한다……. 두려움의 감정도 대개는 위계상으로 가장 가까운 집단을 대상으로 삼는다. 미국이나 남아프리카의 흑인, 아랍계 알제리인에 대한 법적·현실적 차별을 존속시키라고 가장 강하게 요구한 것은 '가난한 백인들'이었다. 저임금노동자나 소규모 수공업자들 사이에 평등이 이루어지든 말든, 부자들은 별 영향을 받지 않기 때문이다.

그렇다고는 해도 경쟁적인 귀속 의식이 유발하는 적대감이 차이의 필연적인 결과는 아니다. 식량 제공이든 헌혈이든, 혜택받지 못한 집단의 욕구와 고통에 대한 이해와 연대 행위는 일반적으로 '평범한' 사람들에게서 더 빈번하게 발견된다. 마지막으로, 뿌리 깊은 불평등 속에 놓여 있는 정체성 집단들의 존재는, 그들을 가능한 한 빨리 가능한 한 효과적으로 평등으로 이끌기 위해 어떠한 법적·규제적 조처들이 필요한가라는 문제를 제기한다. '차별 철폐 조처

(affirmative action)', 차별을 인정하고 불가피하게 역차별하는 조처들을 둘러싸고 미국에서는 수십 년째 논쟁이 계속되고 있다. 할당제가 필요한가? 할당의 방식으로 프랑스에서는 장애인들에게 특별한 권리가 주어졌다. 여성들에 대한 할당은 논란의 대상이 되고 있다.

갈등 관계에 있는 정체성 집단들이 순전히 지리적인 관계에 의해 규정되는 경우들도 있다. TGV가 등장하면서 프랑스 국영철도회사(SNCF)가 파리 - 브레스트 구간을 최대한 단축시키려 하자, 모르비앙과 피니스테르의 작은 도시들이 반발하였다. 도시들마다 정차(停車)를 요구하는 바람에 기차가 느려질 수밖에 없었다. 철도회사는 완강히 버티기도 했고 때로는 거듭되는 철로 점거에 한 발 물러서기도 하였다. 파리 교외의 마시 - 세나르 구간에서는 렌느 - 리용 간 TGV 노선 신설에 반대하는 철로 연변 도시들이 연합하였다. 브르타뉴 지방의 중심 도시인 렌느가 총체적으로 그 도시연합과 갈등 관계에 있는 사회집단이 된 것이다.

모든 종류의 사회적인 소속이 반드시 조직적인 집단의 형성에 이르지는 않는다. 또 정치적인 결정들에 영향을 주기 위해 사회적인 장(場) 내에서 활동할 대표자나 대변자를 반드시 지명(혹은 자임)하게 만들지도 않는다. 하지만 정부나 미디어의 눈에 대표성을 갖는 것으로 비치기 위한 투쟁들이 얼마나 많은가! 대개 부풀려지게 마련인 지지자 수치의 나열, 단체들 사이의 논쟁, 폭력을 동원한 대표성의 과시 등등, 방식은 각기 다르지만 대표성의 정당화라는 목표는 동일하다.

신체 장애가 아니라 대의(代議) 장애를 겪는 사람들이 있다. 가난은 표현 수단을 빼앗고, 가난한 사람들의 집단 정체성은 고려의 대상이 되지 못한다. 노숙자는 투표하지 않으며 시민권으로부터 소외되어 있다. 그는 소비활동을 하지 않기 때문에 광고 종사자들의 흥미로운 '타겟'도 되지 못하고, 여론조사 기관이 일반적으로 관심을 갖는 그 어떤 계층에도 포함되지 않는다. 또 대변자가 있는 경우에도, 그 대변자가 자신이 대표해야 할 계층 모두를 위해서 목소리를 낼지도 확실치 않다. 예를 들어 프랑스를 포함한 대부분의 나라에서 노동조합은 오직 임금노동자들만을 대변하는 경향이 있다. 실제로 노동조합이 대변하는 계층들의 요구 속에는, 아직 직업 활동을 시작하지 않은 젊은이들이나 실업자들의 입장이 빠져 있다.

사회 경제 활동의 전반에 걸쳐서, 대표성이나 대표 행위는 항상 정체화 혹은 비정체화의 문제에 연결된다. 미국이나 독일, 스칸디나비아의 소비자와는 달리, 프랑스의 소비자에게는 현실적인 대표 기능이 없다. 랠프 네이더*식의 행동과 그 성과, 또는 쇠고기 품질의 눈속임을 발견한 단체들의 주장에 호응하여 주부들이 한 도시의 정육점들을 상대로 불매운동을 벌이는 일 따위를 프랑스에서는 상상할 수 없다. 그린피스의 호소에 따라 특정 상표의 주유소를 이용하지 않는 자동차 운전자들도 마찬가지다. 다른 나라에서라면, 소비자 연맹과 같은 신뢰할 수 있고 공정한 단체가 약국들을 시험해보았는데 그 4/5가 치명적인 내용물이 포함된 (위조) 처방전에 주저 없이 따랐다고 약국 이름과 주소를 들어가며 밝혔다면, 온통 항의가 빗발쳤을 것이다!

경제의 토대는 기업이라는 말을 우리는 갈수록 자주 듣게 된다. 기업이 도산을 막고 적자를 메우기 위해서, 혹은 수출 보증을 위해서 정부에 보조금과 대출을 요청할 때도 그렇다. 원칙적으로 기업에 대한 감정(鑑定)은 그 정관(定款)과 생산량, 수지(收支)에 의거하여 이루어진다. 그렇지만 대부분의 나라에서 소유, 경영, 권한이 기업 감정의 중요한 요소가 되어 버렸다. 최고의 권한은 주주들에게 있는 것으로 간주된다. 하지만 소액 주주들에 관한 한, 그런 생각은 이미 오래 전부터 허구일 뿐이다. 도버 해협 지하 터널의 재정 파탄은 개별 주주의 무력함을 단적으로 보여주

* 랠프 네이더(Ralph Nader, 1934~   )—미국의 변호사. 미국과 유럽의 소비자 보호 운동에서 선구적인 역할을 해낸 인물이다.

었다. 미국이나 독일에서는 이사장과 사장의 역할이 분명하게 분리되어 있는 반면에, 절대적인 권한을 지닌 이사장 겸 사장(P.D.G.)의 존재가 프랑스 대기업의 일반적인 특징이다. 하지만 감독위원회가 있어서 경영을 감독하는 경우조차도, 그 위원회의 위상이 문제가 된다. 실제적인 권한으로 기업에 작용하는 것은 외부 은행가들의 힘이기 때문이다.

공기업이든 사기업이든, 임금노동자들이 보기에는 그런 권한이 꼭 기업의 정체성을 규정하지는 않는다. 기업 문화가 하나의 견고한 현실이 될 수도 있다. 오히려 과거를 활용해야 할 것이다. 원격 전자통신의 발달이 부분적인 원인이겠지만, '우체국' 문화는 급격하게 퇴조하고 있다. TGV를 운전하는 전자 기술자와 작은 역의 역장이나 전철원(轉轍員) 사이의 차이가 현격하게 벌어졌다는 단 하나의 이유 때문이겠지만, 공동의 법적 지위 수호를 위한 경우 말고는 '철도 종사원들'의 문화도 기술적인 변화에 의해 결국 사라지고 있다. 지속적인 계발과 승진을 보장받으면서 정년까지 일할 수 있는 대기업 문화로 'IBM 문화'가 거론되곤 했다. IBM이 진출해 있는 모든 나라의 공장에서 대규모 인원 감축이 행해진 지금, 그런 식의 귀속 의식이 어떤 의미를 가질 수 있겠는가?

1973년에서 1974년에 걸쳐 노사 분규 하나가 이채를 띠었다. 시계 제조회사인 LIP의 노동자들이 회사 청산을 거부하면서 회사의 소유와 경영을 넘겨받으려 했던 것이다. 노동자들의 자격 수준, 생산품의 품질에 대한 노동자들의 자부심이 큰 반향을 불러일으킨 그들의 쿠데타에 일종의 문화적 기반으로 작용하고 있었다. 순식간에 'LIP 사람들'은 자신들 스스로와 미디어로부터 하나의 동질성을 인정받게 되었다. 최소한 두 가지 문제가 해결되지 않고 있었는데, 둘 다 상당히 중요한 것들이었다. 첫째로, 여러 하청업체의 노동자들은 LIP의 동질성에서 배제되어 있었고, '파업 군자금'을 쓸 수 없었기 때문에 궁핍에 시달려야 했다. 둘째로, LIP 노동자들은 오늘과 내일, 다시 말해서 이익 분배와 투자를 분명하게 구분하지 않았다. 바로 거기에 노동자 자주관리가 갖는 큰 어려움들 중의 하나가 놓여 있다. 즉, 미래의 발전을 희생시켜가면서 현직 노동자들과 기업을 동일시하려는 유혹에 어떻게 저항할 것인가? 사실 그 문제는 기초 자치단체에서부터 국가 정부에 이르기까지 모든 정치 단체의 문제이기도 하다. 그 결과를 떠맡아야 할 사람들이 먼훗날의 후임자들이라면, 나누어 갖고 빚을 지기란 얼마나 쉬운 일인가! 다음 선거에서 대가를 치를 위험만 없다면, 유권자들이 당장의 현실만을 생각한다면, 투자를 희생시키기란 너무도 쉬운 일이다.

공동체의 참된 일체감을 가능하게 해줄 계급 없는 평등이란, 신화에 불과하다. 노동자 자주관리가 행해지지 않는 기업에서 그런 평등은 상정(想定)조차 할 수 없다. 그렇지만 때로 임금노동자들 사이의 격차가 너무나 크기 때문에, 그들에 대해 기업 공동체의 일체감을 말하는 것도 우스꽝스러운 일이다. 부실 경영으로 쫓겨난 경영자가 받는 엄청난 보상금과 똑같은 부실 경영 때문에 해고당한 임금노동자에게 회사가 지급하는 수당 사이에 도대체 어떤 공통점이 있는가? 그렇지만 인력 과잉으로 해고된 항만노동자들이 받은 엄청난 액수, 또는 철강업계의 복지 프로그램에 들어가는 일인당 비용과, 본사로부터의 전화 한 통에 집단 해고당한 어느 내의류 제조회사 여직공 200명이 받은 금전적인 처우 사이에는 또 무슨 공통점이 있는가?

같은 맥락에서, '파업 노동자'라는 단어가 지칭하는 실체 또한 아주 모호하다. 우선 공공 분야에서의 파업은 파업자들에게 실질적으로 아무런 경제적 위험도 초래하지 않는다. 하지만 더 중요한 사실은, 한 세기 전에는 100명이 참여하는 파업보다 1,000명이 참여하는 파업이 10배나 더 무게를 지녔다면, 오늘날에는 섬유 노동자 1,000명보다 항공 관제사 한 사람의 무게가 더 나간다는 점이다. '파업 노동자'라는 정체성의 의미 내용은 파업자의 수효가 아니라 어떤 직종(職種)의 장애 생산 능력에 따라 달라진다.

노동조합은 누구를 대변하는가? 다른 나라들의 경우에는 노조가입률이 높고 노조가 단일화되어 있기 때문에, 그 질문에 답하기가 쉽다. 노조 가입과 단일 노조가 의무적인 경우까지 있다. 1946년의 입헌자들이 "모든 개인은…… 임의로 노조를 선택하여 가입할 수 있다"고 전문에 규정한 것은 노동자총동맹(CGT)의 독점을 막기 위한 것이었다. 채용시 노조 가입을 의무화할 수 있고 조합간의 경쟁을 없애주는 영미식의 제도를 피하고 싶었던 것이다. 프랑스에서 노조 가입을 의무화하는 제도가 정착된 것은 서적 노동자들과 항만 노동자들의 경우뿐이다. 기업의 복수 노조 제도와 미약한 노조 가입률은 프랑스 특유의 두 가지 현실을 만들어냈다. 첫째로, 노조는 주로 단기 파업이라는 수단을 써서 자신의 대표성을 증명해야 한다. 둘째로, 경쟁 노조가 언제라도 더 나은 조건을 제시해버릴 수 있기 때문에, 협약의 실천을 담보해내는 것이 불가능하다. 그래서 프랑스의 노조는 '노사 관계의 동반자'로, 비록 대립 관계에 있을지라도 정부와 기업가들이 신뢰할 수 있는 대화상대로 스스로를 정체화시키지 못한다.

신분과 소속의 다양성은 정치와 노조의 용어집에서 '계

급'이라는 단어를 지워버렸다. 1980년대 이후로 근로자에 대한 금리소득자의 우위가 다시 회복되었다. 임금 활동은 지극히 사소한 것까지도 세금이 부과되는 반면에, 신탁증서의 시세 차익으로 번 돈에는 거의 세금이 부과되지 않는다. 그렇지만 '금리소득자'의 상당수가 임금노동자이기도 하다! 사실상 프랑스 사회를 이루는 성층(成層)들은 이제 전통적인 계급들로 환원되지 않는다. 이른바 '엘리트 계층' 만 보아도 그렇다. 스무 살에 그랑제콜에 합격함으로써 일단 그 계층에 진입하고 나면 영원히 그 일원인 반면에, 한번 기회를 놓친 사람들은 거기에 접근할 길이 없다. 또한 외국 여러 나라의 현실과는 달리, 그 엘리트 계층이 정치적·행정적·경제적인 권력의 정상을 어김없이 교대로 장악하고 있는 것이다.

위기를 겪고 있는 프랑스에서, 최소한 세 개의 큰 계층을 식별해내는 것이 가능하다. 위에는 상승(上昇) 계층, 교육과 출신에 의해 거의 확실하게 위기로부터 안전한 사람들이 있다. 바닥에는 그 수효가 점점 늘어나는, 주거와 일자리와 건강상의 악조건들을 한꺼번에 끌어안은 채 곤경에 빠져 있는 사람들이 있다. 그 둘 사이에, 평범한 임금노동자들과 많은 중재자들 — 사회복지 요원들, 간호사들, 교사들 — 이 있다. 그들이 하는 역할의 많은 부분은 상층 계층 사람들의 평안을 위해서 하층 사람들을 돌보는 것이다. 그런데 전에는 없었던 심리적 요인 하나가 생겨났다. 급여는 보잘것없었지만, 그래도 예전에는 그들의 직업에 상당한 명예와 사회적인 인정이 따랐었다. 그러나 사회적인 명예가 무엇보다 돈에 의해 결정되면서부터, 이 직업들은 어쩔 수 없이 부당함과 환멸의 감정으로 스스로를 인식하게 된 것이다.

직업은 물론 정체성 확인과 대의 소통의 중심 요소다. 그러나 사회 분석가들은, 유감스럽게도, 사회 단체에 관한 1901년의 법률과 관련된 사실들을 전혀 고려하지 않는 경향이 있다. 세무와 관련된 남용 사례들도 있었지만, 그 법률은 엄청나게 다양한 활동들을 활성화시켰다. 그 활동들은 정치와 삼중으로 관계를 맺고 있다. 한 페탕크* 애호가 협회가 자치단체에 재정지원을 요청하는 순간, 그 협회는 정치 영역에 발을 들여놓게 된다. 선거에서 낚시꾼이나 수렵꾼이 낚시협회나 수렵협회가 처한 재정 상태에 따라 태도를 결정할 때, 또는 협회 소속이 그들의 표를 결정할 것이라고 협회의 지도자들이 공언할 때, 거기에는 정치적인 행동이 있는 것이다.

---

* 프랑스인들이 즐겨 하는 게임의 일종.

그렇지만 무엇보다 중요한 것은 남을 위해 일하는 자원봉사 단체들의 다양한 활동이다. 국립 자원봉사자 센터에 가입한 단체들의 목록이 보여주듯이, 그런 단체들은 많다. 그 단체들이 공공 기관을 대신하는 경우가 점점 빈번해지고 있다. 인간적인 접촉을 통해 수감자들에게 훗날의 사회 복귀를 용이하게 해주는 교도소 방문자 단체가 이미 그런 경우였다. 오늘날에는 사회복지 기관들이 사설 단체에 의뢰하여, 마땅히 해당 기관이 책임져야 할 남자들, 여자들, 아이들을 그 단체의 봉사자들에게 맡기고 있다.

그들은 왜 자원봉사자가 되었을까? 그들은 왜 보수도 없고 사회적인 명예도 따르지 않는 일에서 자신의 정체성을 찾는 것일까? 수많은 노조 운동가들이 그렇게 해왔고 또 그렇게 하고 있는 것처럼, 그들은 왜 가장 확실한 소속 집단의 범위 안에서 행동하는 것으로 만족하지 않을까? 이제 우리는 정신적인 정체성의 차원을 말할 차례이다. 그에 대한 논의는 정신적인 정체성이 어떤 내용의 교육이나 영향 관계로부터 생겨나는지가에 대한 질문, 그 형성 방식에 대한 질문과 연결되어 있다.

# 2
# 기억과 영향

## 개인적인 기억과 '집단적인' 기억

『철학사전』의 '정체성' 항목에 볼테르는 이렇게 썼다. "이 용어는 '같은 것'을 의미할 뿐이다. 달리 '동일성'이란 단어로 표현할 수도 있을 것이다." 그리고는 자신이 생각하기에 본질적인 것으로 여겨지는 사항을 덧붙여 놓았다. "그러므로 인격의 동일성, 정체성을 확립하는 것은 오로지 기억이다."

현재의 내 정체성은 당연히 과거의 내 경험, 그리고 그 경험이 내 육체와 정신에 남긴 흔적들의 영향 아래 있다. 여러 가지 크고 작은 '나는 기억한다'들이 지금의 '나'를 구성하고 있는 것이다. 나의 기억은 개인적인 추억들로 이루어져 있지만 그게 전부는 아니다. 거기에는 흔히 우리가 '집단적인 기억'이라 부르는 것을 자양으로 삼는 많은 요소들이 포함된다. 줄곧 사용되고 있긴 하지만, '집단적인 기억'이라는 지칭은 두 가지 점에서 이론의 여지가 있다. 우선, 대부분의 사회적인 소속들은 개별적이고 특수한 기억들을 실어나른다. 그리고 무엇보다도 집단적인 기억은 기억이 아니다. 바스티유 감옥의 함락을 나는 기억하지 못한다. 내 아내는 달라디에(Daladier)의 뮌헨조약을 기억하지 못한다. 그녀는 그때 네 살이었던 것이다. 내 아들들은 알제리 전쟁을 기억하지 못한다. 맏이가 태어난 때가 1960년이니까.

'집단적인 기억'은 후천적인 앎이고, 전수된 앎이다. 가정, 소속 사회, 학교, 매체 같은 것들이 그 전달 수단이다. 매개자들 혹은 교육자들이 과거의 사실들에 가한 취사선택에 따라서, 그리고 고의든 아니든 전달 과정에서 그들이 그 사실들, 다시 말해 나의 지식에 가한 왜곡 정도에 따라서 집단적인 기억의 내용은 달라진다.

그렇지만 나의 개인적인 경험에 대한 기억이라고 해서 완전히 사실에 부합하는 것도 아니다. 망각되는 것도 숱하고, 망각이 꼭 우연에 의한 것만도 아니다. 이미 형성되어 있는 나의 인격과 정체성이 경험의 어떤 특정 부분을 다른 부분보다 중시했던 것이다. 무의식으로부터 다시 솟아오를 수는 있다고 해도, 어쨌든 경험의 일부가 억압되지 않는다면 정신분석학이 왜 있겠는가? 대개의 경우, 착각은 그다지 큰 중요성을 갖지 않는다. 국립정치학교의 세미나에서 학생들이 내게 누구한테 표를 던졌느냐고 물었다. "1945년에 처음 투표한 이래로, 내 표는 항상 똑같습니다." "그 말씀은 맞지 않습니다." 학생 하나가 이의를 제기했다. "학생이 어떻게 알죠?" "1945년에 선생님께서는 아직 선거권이 없었어요." 그 학생의 말이 과연 옳았다. 나는 1946년에야 스물한 살이 되었던 것이다. 그렇지만 그때까지 나는 투표소에 들어가는 내 모습을 생각하노라면 언제나, 개헌에 대한 두 가지 질문에 가부 투표를 하는 모습이 우선 떠오르곤 했었다. 그런 근거 없는 회상이 내 기억 속에 자리잡은 것은 나의 시민으로서의 자기정체감이 아주 강했기 때문일까!

많은 논자들은 역사의 중요한 시점에 엇비슷한 나이를 가졌던 남녀들을 '세대'라는 표현으로 지칭하곤 한다. 1930년의 위기, 1940년의 파탄, 독일 점령으로부터의 해방이나 1968년의 5월 혁명이 유사한 경험을 토대로 기억의 공통 요소들을 만들어낸 것은 사실이다. 문화, 좀더 정확하게 말해서 문화적인 기억에 대해서도 같은 이야기를 할 수 있다.

자신들이 스무 살 때 좋아했던 것들을 읽거나 보지 않았다는 이유로, 지원자들을 무식하다고 간주해버리는 국립행정학교(ENA)의 시험관들이 얼마나 많은가! 대학의 학기가 시작될 때마다, 첫 강의에 앞서 나는 자문하곤 했다. "그러니까 무슨 무슨 일이 있었을 때, 이 학생들은 몇 살이었지?" 1995년에 스무 살인 학생은 대통령에 대한 기억이 프랑수아 미테랑밖에 없다. 게다가 첫번째 7년의 임기는 유년 시절의 기억이니까, 대부분 가족들로부터 전해받은 기억이다. 그렇지만 강력한 접점이 있었을 때는 세대라는 개념이 의미를 지닐 수도 있다. 독일의 콜 수상은 '뒤늦게 태어난' 자신의 행운을 언급했다가 호된 비판을 받았다. 하지만 그의 말이 옳다. 그는 1930년에 태어나 1945년에 열다섯 살이었기 때문에 지난 기억들을 떠올리며 죄책감에 젖을 필요가 전혀 없었던 것이다. 반면에 그의 전임자였고 1918년생인 헬무트 슈미트는 낮 동안에는 히틀러에게 봉사하고 밤이 되면 똑같은 히틀러의 죽음을 꿈꾸는 젊은 장교의 분열증에 대해 말한 바 있다.

그렇다고 해서 공동의 경험이 공동의 기억을 만든다는 논리가 성립하는 것은 아니다. 유사한 경험을 하는 순간에도, 개인적인 정체성의 다양함만큼 내면화된 기억에도 차이가 생기고 이후의 삶에서 그 기억이 작용하는 방식에도 차이가 생긴다. 수용소의 공포 경험조차도 그 희생자들이나 가족들 모두에게 똑같은 것은 아니다. 마지막 강제 수용의 물결이 지나간 지 50년이 되던 해인 1993~1994년에, ≪르몽드≫에는 희생자들에 대한 기억을 떠올리는 많은 광고문들이 실렸다. 대부분의 가족들은 끝맺음을 이렇게 했다. "잊을 수도 없고, 용서할 수도 없다." 누구를 용서하는가? 사형집행인들은 대부분 이미 죽었는데, 한 민족 전체를 영원토록 죄인으로 간주하겠다는 것인가? 세르주 클라르스펠트는 프랑스의 유태인 집단 수용에 관해 끈질기게 증언해 온 사람이다. 그런데 그는 이렇게 말했다.

50년 전인 1943년 9월 30일, 니스에서 게쉬타포는 아르노 클라르스펠트를 체포하였다. 그는 자신을 희생하여 아내와 두 아이의 목숨을 구해낼 수 있었다. ……그를 회상하면서, 그의 자식들은 한편으로는 이탈리아인들에게, 다른 한편으로는 니스의 주민들과 주교, 사제들, 목사들, 여러 종교 기관과 비종교 기관에 감사를 표한다. 1943년 1~9월까지의 아홉 달 동안, 독일 제3제국과 프랑스의 비시 정권에 의해 박해당하던 유태인들에게 프랑스의 이탈리아 점령지는 예외적인 피난처였다. 그리고 독일 점령 기간 동안, 니스 사람들은 2만 3,000명의 유태인들 중에서 2만 명이 살아 남을 수 있게 도와주었다.

이 개인적인 기억은 희생자 집단과의 자기동일시 위에

웅크린 폐쇄적 정체성들과는 반대로, 개방적이고 창조적인 정체성에 부합하는 기억이다. 이런 경우에는, 희생자 집단을 신성화하려는 강한 유혹, 희생자 집단의 이름으로 요구되거나 행해지는 모든 것을 무조건 정당화하려는 유혹에 굴복하지 않을 확률이 높다. 아우슈비츠에 대한 기억이 이스라엘 정부의 정책에 무조건 동의하게 하지는 않는다. 폴란드의 민족주의는 영국이나 프랑스의 제국주의적 민족주의와는 성격이 달랐다. 폴란드는 희생자였기 때문이다. 국가로 인정받지 못한 채 분할되었고, 1940~1945년 사이에는 독일과 소련의 집단학살 대상이 되기까지 하였다. 그렇다고는 해도, 희생자라는 폴란드의 정체성이 결코 폴란드의 반유태주의를 정당화할 수는 없었다.

자기 자신에 관한 것이든 타인에 관한 것이든, 흔히 회상—기억 속에는 과오와 죄에 대한 생각이 들어 있게 마련이다. 그 두 가지가 섞여 있을 수도 있다. 존경받는 작가이자 콩쿠르 상의 심사위원인 앙드레 스틸(A. Stil)은 공산주의 성향의 프랑스인 기자였던 자신이 1956년에 소련의 전차에 짓밟힌 헝가리의 희생자들을 모독했던 사실을 기억하고, 뉘우치고 있는가? 동독의 노작가이자, 에리히 호네커(E. Honecker)가 이끈 통일사회당(SED)의 후신인 사민당(PDS)의 의원이며, 1994년에 선출된 독일 하원의 최연장자인 슈테판 하임(S. Heym)은 자신의 과거에 대해서 아무것도 후회하지 않는다고 말한다. 하지만 그는 1953년 6월 17일에 독일민주공화국(DDR) 체제에 반대하여 봉기한 '쓰레기들'을 또 다른 소련의 전차들이 진압했을 때, 열렬한 찬사를 보낸 인물이다. 그들을 비난하기 위해 다른 사람들이 그 기억을 간직해야 하는가? 그렇다면 언제까지 그래야 하는가?

고발 내용의 기억에 대한 물음은 오직 범죄 당시에 살았던 개인이나 집단에 대해서만, 그리고 그들의 참여, 공모, 직무유기를 논하는 방식으로만 제기되어야 할 것이다. 범죄를 저지른 직후에는, 벌하거나 '숙청'하는 것이 그 물음의 목적이다. 좀더 나중에는 수십 년 뒤의 인물이 과연 동일한 그 인물인지 끊임없이 의문을 품어보아야 하겠지만, 범죄에 대한 기억을 보존하는 것이 그 물음의 목적이다. 성경은 '원죄'라는 관념 때문에 많은 해악을 끼쳤다. 옳든 그르든, 여러 세기 동안 원죄는 과실자의 후손들에게 전가되는 유죄성으로 이해되어왔다. 「예레미아서」에서 두 절(節)을 참조하는 것이 좋겠다.

그때가 되면, '아버지들이 신 포도를 먹었더니 아들들의 이가 시큰거린다'는 말은 더 이상 듣지 않게 될 것이다. 각자가 자기 잘못 때문에 죽을 것이다. 신 포도를 먹는 사람은 누구나 그 자신의 이가 시큰거릴 것이다.

마찬가지로, 영속화된 과오의 기억 때문에 스스로를 죄인으로 인식하는 것도 문제가 아니겠는가? 지난 세기에 인도의 현자인 비베카난다(Vivekananda)는 이렇게 말하였다. "만일 당신이 영원토록 '나는 죄인이다, 나는 죄인이다'라고 말한다면, 당신은 영원토록 죄인으로 남을 것이다. 당신은 오히려 이렇게 말해야 한다. '나는 속박되어 있지 않다, 나는 속박되어 있지 않다'라고." 불모의 죄인 신분에 얽매어 있지 말라는 것이다. 가톨릭은 그 점에서 모순적이다. 한편으로는 죄지은 인간을 강조하면서도 다른 한편으로는 항상 비베카난다와 같은 말을 해왔기 때문이다. 고해라는 단어 때문에 항상 모호해지기는 하지만, 그것이 바로 고해성사가 뜻하는 바이다. 신에게 복귀함으로써 신자는 더 이상 자신을 죄인으로 간주하지 않아도 되고, 창조해야 할 미래의 존재로서 자신을 생각할 수 있게 되는 것이다.

'집단적인 기억'은 공동체, 특히 민족 공동체의 반성적인 자기인식에서 항상 일정한 역할을 수행한다. 예컨대 대부분의 아프리카 신생 국가들이 허구적인 역사를 하나씩 만들어낸 까닭도 거기에 있다. 수십만의 사상자를 낸 포위

공격이 끝난 직후의 레닌그라드, 그 폐허와 궁궐의 한복판에서 엄청난 자금과 인력을 동원하여 피터 대제와 황녀 카타리나의 옛 궁전 복원 공사가 시작되었다. 오늘날 상트-페테르부르크를 방문하는 사람이 옛 영화의 완벽한 복원에 놀라게 된다면, 그것은 1941년 히틀러의 공-격이 있은 뒤로 공산주의의 수호보다 조국 러시아의 수호가 공식적으로 우선시되었기 때문이다. 차르 시대의 창조물들을 복원하는 것이 집단적인 기억을 민족의 위대성 위에 기초하는 길이었던 것이다. 반대로 캄보디아의 크메르 루즈는 과거와의 완전한 단절을 원했다. 1975년에는 가정의 해체라는 수단을 포함하여, 기존의 온갖 정체성에 대한 파괴 작업이 이루어졌다. 집단적인 기억은 그 어떤 것도 남아 있어서는 안되었고, 그 때문에 특히 지식인과 예술인들의 학살이 저질러졌다.

'집단적인 기억'의 내용에는 상황에 따른 편차가 있을 수 있다. 그것은 우리가 시대의 분위기라고 부르는, 별로 과학적이지 못한 현상에 의해 좌우된다. 왕의 영광보다는 민중의 고통에 더 흥미를 갖는 것, 그것은 피에르 구베르(P. Goubert)의 주관적인 요소에 기인하는 탐구 방향이었다. 그러나 1966년에 『루이 14세와 이천만의 프랑스인들』이 거둔 성공은 좌파의 바람이 거세었던 당시 시대 분위기의 결과이기도 했다. 왕의 위대성을 올바로 평가하는 것은 프랑수아 블뤼슈(F. Bluche)의 개인적인 관심사였다. 그렇지만 1986년에 『루이 14세』가 거둔 성공은 부분적으로 우파의 입김이 거세던 당시 분위기의 영향이 크다. 약 반세기 동안 프랑스 혁명에 관한 많은 연구서들을 읽어온 독자들은, 레닌이 로베스피에르의 계승자라는 점에서 위대한 것인지 아니면 로베스피에르가 레닌의 선구자라는 점에서 위대한 것인지 갈피를 잡을 수 없었을 것이다. 그러나 1989년에 프랑스 혁명을 다시 기념하게 되었을 때에는 소련 연방의 영예도 유혈 혁명주의의 영예도 실추해버린 뒤였다. 200주년 기념의례를 통하여 집단적인 기억 속에 위대한 인물로 남게 된 사람은 기요틴의 처형자인 로베스피에르이기보다는 평화적인 법률가인 콩도르세였다. 그런데 공안위원회 시기의 프랑스 혁명은 유혈적이긴 했지만 동시에 대단히 창조적이기도 했다. 그렇지만 1917년 혁명이 차르가 아니라 의회 정부에 대항한 혁명이었다는 사실을 '부각시킨' 시대 분위기가 프랑스인의 집단적인 기억 속에 아주 오랫동안 존재해왔던 혁명적인 폭력에 대한 취향을 지워버렸던 것이다.

　민족 공동체가 공유하는 감정들에 자양을 제공하는 신화들이 집단적인 기억의 바탕이 될 수도 있다. 오늘날까지도 '얄타'라는 단어는 프랑수아 미테랑을 포함한 많은 프랑스인들에게 스탈린, 루즈벨트, 처칠 사이에 이루어진 세계 분할을 떠올려준다. 그런데 1945년 2월, 크림 반도에서는 아무것도 분할되지 않았고 의회민주주의 집단으로 간주되던 유럽 또한 전혀 분할되지 않았다. 그리고  그 자리에 없었던 것은 사실이지만, 프랑스는 독일 문제에 대한 거부권과 점령지역을 획득함으로써 승리를 구가하였다. 그럼에도 신화는 강대국들의 희생이 된 프랑스라는 집단적인 기억을 키운다. 1944년 초에 콩고의 브라자빌에서 열린 회의*에서는 '모든 종류의 자치, 프랑스 제국의 권역 밖으로의 진출 가능성', 그리고 '먼 훗날의 일일지라도, 식민지 자치정부 구성의 모든 가능성'이 배제되었다. 그런데 집단적인 기억 속에서 그 회의는 드골 장군이 시작한 탈식민지화 정책의 화려한 출발점으로 인식되고 있다.

부정적이고 범죄적인 행위들보다는 공동체와 그 구성원들이 행한 긍정적인 행위들을 떠올리고, 수용하고, 기억하는 것이 더 기분 좋은 법이다. '전몰자와 재향군인 관리청' 산하 '역사 관련 정보수집과 기념 심의회'의 공보(公報)인 ≪기억의 길≫ 1945년 5월 8일자에는 엄청나게 많은 인명

---

* 드골 장군의 제안으로 1944년 1월 30일 프랑스 제국 영토의 대표들이 콩고의 수도인 브라자빌에 모여 프랑스 연방의 기초를 논의한 회의다. 그러나 이 회의에서 제시된 원칙들은 자치와 독립보다는 점진적인 통합을 목표로 하는 것들이었다.

을 앗아가며 행해진 세티프의 진압작전에 대한 아무런 언급도 들어 있지 않다. 그날 프랑스의 이름으로 벌어진 진압작전의 대상은 회교도 주민들이었지만, 실제로는 프랑스인들이었던 것으로 추정된다. 그렇지만 부정적인 기억이 더 창조적인 경우가 많다. 왜냐하면 부정적인 기억에는 타인의 고통에 대한 이해, 타인의 정체성에 대한 인식이 담겨 있기 때문이다.

최근 몇 년 동안 여러 나라에서 그런 방향으로 노력해왔다. 미국에서는 인디언들의 거의 완전한 멸종을, 오스트레일리아에서는 원주민들(ab origines: 태초부터 그곳에 있었던 사람들)의 멸종을 여론에 환기하려는 시도가 있었다. 1995년 일본에서는, 일본의 이름으로 중국에서 저질러진 범죄들과 제2차세계대전 중의 범죄들에 대한 조사가 시작되었고, 네덜란드에서는 인도네시아 식민정책이 저지른 범죄들, 네덜란드 유태인들의 강제수용에 공권력이 가담했는지 여부에 대한 토론이 벌어졌다. 스위스는 나치 독일과의 결탁[군비(軍備)를 위한 산업적인 측면에서의 결탁, 스위스 정부의 요구로 독일 경찰이 찍은 'J' 소인을 여권에 지니고 있었기 때문에 국경 통과를 거부당한, 수천에 달하는 유태인의 죽음에 대한 책임]을 고발하는 국내 작가들이나 언론인들의 말에 귀를 기울이기 시작하였다. 1915년에 있었던 아르메니아인들의 끔찍한 집단학살을 자신의 과거사로 인정하려 하지 않는 터키가 대표적인 예외 사례로 남아 있다.

문제의 관건은 당대에도 그렇고 후대에도 그렇고 집단적인 유죄의 수락이 아니라 과거를 책임지는 것, 과거를 반성적인 자기인식 속에 이끌어들이는 것이다. 프랑스어에는 꼭 맞는 단어가 없지만 영어에는 'liability', 독일어에는 'Haftung'이라는 단어가 있다. 책임이라는 단어는 경우에 따라서 과실(過失)에 관련되기도 하고 무과실에 관련되기도 하기 때문에, 모호하다. 시민의 책임은 유죄성과는 관련이 없다. 집단적인 기억은 과거를 책임지고, 민족 공동체의 이름으로 저질러진 범죄들을 전적으로 떠맡는다. 때로는 희생자들이나 그 후손들에게 배상하는 방식으로, 대개의 경우는 민족의 역사가 부분적으로 범죄적이었음을 인정하는 방식으로 그렇게 한다. 후자는 어떤 식으로든, 사람들이 과거의 적을 생각하는 방식과 현재의 자기정체성을 이해하는 방식에 영향을 미친다. 반드시 민족만이 문제가 되는 것은 아니다. 집단적인 기억은 교회의 것일 수도 있고 어떤 직종의 것일 수도 있다. 히틀러 치하에서 수많은 의사들이 저지른 직무유기와 동조행위, 범죄에 대해 독일의 의료계가 실질적인 논의를 시작한 것은 1990년대에 이르러서이다.

1970년에 브란트 수상이 바르샤바에 있는 유태인 거류지의 기념물 앞에 무릎을 꿇었을 때, 그 몸짓이 의미하는 바는 히틀러의 독일이 저지른 범죄를 독일 연방공화국이 책임지겠다는 것이었다. 1995년에는 어떤 장면 하나와 연설 하나가 한층 더 미디어의 관심을 끌었던 것 같다. 그 장면은 생존자들의 석방 50주년을 기념하기 위해 아우슈비츠-비르크노의 집단수용소 입구에 도착하는 독일 공화국 대통령의 모습이었다. 로만 허조그(R. Herzog)는 소박하고 단출하게, 독일 유태인 공동체 의장을 대동하고 왔다. 그는 프랑스 유태인 기구 대표위원회 의장이자 유럽 유태인회의 의장인 쟝 칸의 영접을 받았다. 범죄적인 과거에 대한 책임 수용이 긍정적인 미래 창조를 가능케 한 것이다. 그리고 문제가 된 것은 1월 5일 베를린에서 행해진 독일 국방장관의 연설이었다. 폴커 루에(V. Ruehe)는 예전의 수도이자 새로운 수도인 베를린에 그때까지 독일군에게 금지되어 있었던 연방군대의 병영을 최초로 개막하는 중이었다. 그는 그 병영에 율리우스 레버라는 이름을 붙였다. 레버는 히틀러에 맞선 사회주의 저항운동가였는데, 나치 돌격대의 음모로 1933년에 병원에 보내졌다가 결국 1945년 초에 처형당한 인물이었다. 장관은 연방군대가 민족의 이념이 아니라 자유의 이념을 수호하기 위해 만들어졌음을 상기시켰다.

그런 차이는 이미 1946년에 프랑스의 입헌자들을 통해서 드러난 바 있다. 헌법 전문의 첫 문장에서부터 패전자인 적국을 인식하는 방식이, 1919년이라면 그랬으리라고 우리가 상상할 수 있는 것 하고는 아주 달랐기 때문이다. 우리가 거둔 승리는 "인간의 인격을 타락시키고 예속시키려고 한 체제에 대한" 승리, 민족이나 국가에 대한 승리가 아니라 체제에 대한 승리였다는 것이다. 수천 명의 프랑스인들이 직·간접적으로 히틀러를 도왔었다. 수천 명의 독일인들이 히틀러에 맞서 싸웠었다. 최초의 프랑스인 집단수용자들이 부헨발트나 다차우에 도착했을 때, 이미 수많은 독일인들이 거기에서 죽었거나 고통을 겪고 있었다. 전후의 프랑스—독일 관계는 정체성 인식상의 그러한 변화를 토대로 세워졌다.

독일의 가톨릭 교회는 나치 기간 동안의 자신들의 태도를 기억에 되살려내는 작업에 많은 노력을 기울였다. 1975년에 와서야 한 공동교구회의가 과거의 자기정체성을 분명하게 밝히는 글을 채택하였고, 교회는 하나의 조직이므로 용기 있었던 몇몇 구성원들을 바람막이로 삼아 스스로를 변명하지 말아야 한다고 선언하였다.

전체적으로 볼 때, 국가사회주의가 지배하던 시기에 우리

는 예외적인 몇몇 개인과 집단들의 모범적인 행동이 있기는
했지만, 박해받는 유태민족에게 완전히 등을 돌린 채 삶을 영
위한 교회공동체였다. 자신의 체제를 위협하는 위험에만 시
선을 빼앗긴 채, 유태교와 유태인들을 상대로 저질러진 범죄
에 대해서는 침묵한 공동체였다.

이 글은 종전기념일인 1995년 5월 8일, 독일 주교단의
엄숙한 선언문 속에 재수록되었다. 그 글이 말하고 있는 것
은 직무유기이다. 가톨릭의 집단적인 기억에는 교회의 이
름으로 저질러진 범죄들도 마땅히 포함되어야 할 것이다.
자신을 벌하기 위해서가 아니라 현재의 자기정체성을 오해
하지 않기 위해서이다. 테헤란이 내린 사형 언도를 두고 살
만 루시디를 옹호하지 않는 가톨릭 신자가 어디 있겠는가?
볼테르는 예배 행렬이 지나갈 때 모자를 벗지 않았다는 이
유로 사형에 처해진 바르의 젊은 기사를 변호하였다. 하지
만 그것이 헛수고였다는 사실을 우리는 기억해야 할 것이
다. 살인하는 이슬람과 관용적인 이슬람이라는 이슬람의
이중적인 정체성을 가톨릭이 이해하기 위해서는, 먼저 가
톨릭의 집단적인 기억 속에 성(聖) 프란시스코의 가톨릭과
알비좌* 사람들을 학살한 가톨릭이라는, 가톨릭 자신의 이

* 12~13세기에 프랑스 남부지방에서 세를 얻은 카타리파(派)(중세
  가톨릭의 이단 중의 하나)를 가리키는 명칭이다. 교황 이노센트 3세
  의 십자군에 의해 무참히 학살당했다.

중적인 정체성이 들어 있어야 한다. 그런 이해가 없이 이슬람 전체를 비난한다면, 관용적인 회교도들을 광신자들의 손에 내던지는 꼴이 될 것이다. 결국 이슬람 내에서 온건한 회교도들은 축출대상자 취급을 받을 것이기 때문이다.

소속 집단의 부정적인 과거를 수용하는 것이 폭력적인 대결을 예방하는 데 기여하는 길이다. 그런 의미에서, 유태민족의 이야기 하나는 퍽 시사적이다. "두 형제가 나란히 걷고 있었다. '날 사랑해?' '사랑하고 말고!' '뭐가 날 고통스럽게 하는지 알어?' '내가 그걸 어떻게 알겠어?' '날 고통스럽게 하는 게 뭔지도 모르면서, 어떻게 날 사랑한다고 말할 수 있지?'" 1989년에 나의 책 『범죄와 기억』이 출간되었을 때, 아직은 유고슬라비아에 유혈사태가 있기 전이었는데, 크로아티아의 한 가톨릭 사제와 세르비아 정교 소속의 사제 한 사람이 각각 편지 한 통씩을 내게 보내왔다. 그 두 사람은 각자 자신의 집단에게 상대방 집단이 저지른 범죄에 대해서 내가 전혀 언급하지 않았다고 비난하였다. 그들이 기독교도를 자처하는 사람들이라면, 각자 자기 집단이 상대방 집단에게 저지른 범죄에 대해서, 그러니까 전쟁 기간 동안에 크로아티아인들이 저지른 세르비아인 학살과 전쟁 직후에 세르비아인들이 저지른 크로아티아인 학살에 대해서 자기 집단의 사람들에게 말해야 할 것이라고 나는 분명하게 답했다. 그런 식의 기억을 위한 작업은 한번도 이루어진 적이 없다. 집단적인 증오와 복수심만이 마구 분출되었다. 1945년 이후 프랑스 - 독일 간의 첫 회담이 이루어졌을 때, 우리가 실행에 옮긴 것이 바로 타인의 고통에 대한 이해였다. 독일측 참석자들이 회담에서 얻고 돌아간 것은 피점령과 집단수용의 끔찍함에 대한 이해였을 것이고, 프랑스 참석자들의 몫은 폭격당한 드레스덴과 함부르크에 대한 이해였을 것이다. 또는 태어난 고향을 떠나 서독의 자기 집단에까지 도착하는 사이에 그중 수십만 명이 죽어간, 1944~1947년 간의 수백만 독일인 피추방자들에 대한 이해였을 것이다.


## 교육─자유와 귀속


전수된 기억은 개인들의 정체성 형성에 기여한다. 그것은 각 개인이 받는 여러 가지 영향들 가운데 중요한 몫을 차지한다. 그렇지만 또한 각 개인은 타인에게, 특히 그 타인을 책임지는 위치에 있을 때, 영향을 주기도 한다. 약 30여 년 전부터 영향이라는 단어는 평판이 좋지 않다. 영향을 준다는 것은 자유를 침해하는 일이 아닌가? 이미 형성된 정체성을 손상하는 일이 아닌가? 그러나 아이들에게 영향을 안 주려 한다고 말하는 아버지, 어머니, 선생은 '자유주의적'이거나 '관용적인' 것이 아니라, 단지 교육자로서의 역할을 포기하고 있을 뿐이다. 그들의 직무유기는 아이들, 청소년들, 학생들에게 다른 경로를 통하여 작용하는 엄청난 영향력에 자신들의 제한된 영향력을 맞세우거나 병행시키지 않는다는 점에 있다.

아이가 받는 영향은 은밀한 것일 수도 있다. 히틀러 시대의 독일 셈본 책에는 다음과 같은 문제가 들어 있었다.

정신병자 한 명에 하루 4마르크의 비용이 들고, 지체부자유자에게는 5마르크 50, 범죄자에게는 3마르크 50이 든다. ……신뢰할 만한 조사에 따르면, 독일에는 30만 명의 정신병자, 간질환자 등이 치료소에 있다. ……그만한 비용이면 해마다 100마르크씩 주어서 몇 쌍의 젊은 부부들에게 지원금을 줄 수 있겠는가?

얼마나 교묘하게 '안락사시켜도 좋을' 인간의 범주를 지목하고 있는가! 독일민주공화국에서는 아이, 청소년, 성인 할 것 없이 모두가 교육과 선전을 통해 체제가 전파하는 관점, 과거와 현재를 이해하는 관점에 깊숙이 침윤되어 있었다. 그 체제가 무너지고 독일은 통일되었지만, 민족의 완전한 통일은 단번에 이루어지지 않았다. 1995년의 종전 기념일을 계기로, 히틀러 체제를 분쇄하는 데 가장 공이 컸던 나라가 어느 나라였는지를 묻는 여론조사가 있었다. 서구에서는 69%가 미국이라고 답했고, 동구에서는 96%가 소련을 지목했다. 역사적으로 봤을 때 맞는 답은 아마도 '두 나라 모두'이겠지만, 양 진영의 차이에서 우리는 체제가 미친 영향력의 뿌리 깊은 고착을 읽을 수 있다.

그 고착 현상을 사라지게까지 할 수는 없어도, 변화시킬 수는 있다. 오랫동안 자유민주주의자들은 자신들이 느끼는 막연한 무력감을 토로해왔다. 전체주의 체제에 의해 형성된 정체성은 결코 변화시킬 수 없다는 것이었다. 와해의 충격 효과, 그리고 자유화의 영향으로 눈뜨게 된 새로운 사고가 불러일으킨 변화를 사람들은 충분히 눈여겨보지 않았다. 이념 주입에 대한 저항의 가능성을 사람들은 별로 믿지 않지만, 1956년의 부다페스트, 그리고 1968년의 '프라하의 봄'에서 더 많은 자유를 요구한 사람들은, 학교에서 이념교육이라는 이름으로 배운 적이 없는 젊은이들이었다.

자유주의적인 영향이라는 개념 자체에 이의가 제기될 수도 있다. 영향을 받은 사람들이 그 영향을 파괴적인 것으로 간주할 때 특히 그렇다. 1973년에 《르몽드》에 옥시타니*는 존재하지 않는다는 주장의 기사 하나가 실렸다. 명

* 옥시타니(Occitanie)―프랑스의 랑그독 지방을 가리키는 중세 시대의 한 명칭.

망 높은 작가인 자크 마돌(J. Madaule)이 그 기사에 응답하였다. "7세기 전부터, 옥시타니 사람들은 자신들 고유의 역사를 잃어버렸다는 느낌을 지녀왔다. 나 또한 아주 오랫동안 비록 의식은 못했었지만, 그 상실감 때문에 엄청나게 고통받았다." 그리고 옥시타니의 전도사인 로베르 라퐁(R. Lafont)은 이렇게 말했다. "무슨 표지로 옥시타니 사람을 알아볼 수 있는가? 10년 전이라면, '그가 자신을 모른다는 사실로'라고 나는 대답했을 것이다. 1973년에 나는 이렇게 대답한다. '그가 이제 자신을 전혀 모른다는 사실로'라고." 두 사람의 응답은 상반된 두 가지 해석을 가능케 한다. 정체성의 결핍이 이전에 겪은 유해한 영향의 증거라면, 복원(復原)을 구실로 수많은 새로운 정체성들을 만들어내기만 하면 될 것이다. 그러나 그 자기소외가 강요된 것이었다면, 우선 억압적인 영향을 문제삼아야 하지 않겠는가? 오늘날의 프랑스에서, 이 문제는 아주 광범위해졌다. 한 세기 동안, 교사는 모든 사람에게 최소한의 동일한 지식을 가져다주는 '공화국의 흑기병'이었다. 또한 교사는 파리 식민지 개발의 도구, 지방의 정체성과 지방 문화의 파괴자가 아니었던가? 그런 의미에서, 파괴의 위협은 여전히 상존한다. 1994년에 신교(新敎) 교육연맹은 1996학년도부터 적용될 고등학교 2학년의 역사교과과정에 16세기를 가르치도록 되어 있으면서도 종교개혁에 대한 언급이 전혀 없다는 사실을 발견하였다. 신교의 기원을 전혀 알지 못하는 비신교도 학생들은 신교도의 정체성을 상상할 수도 이해할 수도 없었을 것이다.

대개의 경우, 역사 교육이 보여주는 현실은 긍정적인 국민 정체성을 만들어내거나 유지하려는 욕망에 의해 왜곡된 현실이다. 교육의 내용도 불가피하게 그런 영향을 받는다. '브린스빅 국제 교과서 연구소'는 그 반대 방향의 작업을 통하여, 오랫동안 서로 적대적이었거나 아직도 적대적인 나라들의 교과서를 위한 공동 지침을 마련하였다. 프랑스의 '공교육 역사·지리 교수 연합'과의 협력은 40년 이상 계속되고 있고, 독일 - 폴란드, 독일 - 이스라엘 차원에서의 협력은 좀더 최근부터 이루어지고 있는데, 참으로 칭찬할 만한 일이다. 그러나 프랑스의 경우는 좀더 자세히 들여다볼 필요가 있다. 사실 프랑스만큼 역사에 중요성을 부여하면서 초등교육에서부터 역사 교육을 시작하는 나라는 별로 없다. 오랫동안 『프랑스사』는 국민 정신을 형성해왔고, 국가의 일차적인 이미지, 전적으로 긍정적인 이미지를 존속시켜왔다. 그로부터 중대한 두 가지 결과, 부정적인 면 하나와 긍정적인 면 하나가 생겨났다.

부정적인 면은, 1960년대 초까지 사용된 초등학교 교과

서의 대담한 진술 하나로도 미루어 짐작할 수 있다. "골족
(族)이 등장한다. 그럼으로써 선사시대가 끝난다." 이런 식
으로 중국, 중세 문명, 어쩌면 그리스나 로마까지도 부정해
버리는 일이 이제는 없다고 장담할 수 있을까? 오늘날에도
대부분의 프랑스 사람들은 도르세 박물관을 '19세기 박물
관'이라고 부른다. 프랑스 작품이 아닌 것들은 거의 전시되
어 있지 않기 때문에, 사실 도르세는 '프랑스의 19세기' 박
물관이다. 교과서의 정신은 여전히 큰 폐해를 낳고 있다.
그 거리낌없음은 때로 어안이 벙벙할 정도이다. 문화부 장
관이었던 앙드레 말로가 하원에서 미로의 비너스를 도쿄에
보내는 문제의 타당성을 설명하는 대목이 그런 경우이다.
1964년 11월의 일이었다. "어쨌든 4백만 명의 일본인들이
이 조상(彫像) 뒤에서 프랑스의 국기를 보게 될 것입니다.
브라질에서든 일본에서든, 사람들이 프랑스를 찬양하는 일
이 생긴다면, 프랑스의 국민성에 의해 표현된 정신의 고귀
함을 찬양하게 될 것입니다." 어떤 프랑스 조각가가 그 그
리스 작품을 창조했단 말인가? 청소년 교육의 프랑스중심
주의가 아니었다면, 우리에게 그 숱한 오만한 문구들이 있
겠는가?

　　"우리의 행동이 도달하고자 하는 목표는, 그것이 프랑스

의 목표인 까닭에 또한 인류의 이익에도 부합하는 목표이다."(드골 장군, 1967) "프랑스로 하여금 인간 정신의 깊은 욕구를 인식하고 표현할 수 있게 해주는, 딱히 정의할 수 없는 그 어떤 특성"(프랑수아 미테랑, 1975) "프랑스 국민은 생물학적인 깊은 본성에 의해, 별도의 집단, 다른 국민들과는 영원히 구별되는 집단……, 세계의 엘리트가 될 수밖에 없는 집단이다."(지스카르 데스텡, 1981)

1988년에 프랑스인 쟝-루 크레티앙이 소련의 우주 비행에 참여하게 되었을 때, ≪피가로≫는 다음과 같이 썼다. "두 명의 소련 우주항공사를 대동하고, 프랑스인은 예정된 시간에 정확하게 바이코누르 로켓 발사기지를 이륙하였다!"

국민정체성 교육의 긍정적인 결과는, 적어도 최근까지는 그랬는데, 어린 이민자들의 동화(同化)이다. 나의 경우가 그 좋은 예이다. 프랑스어 어휘 하나 모른 채 여덟 살의 나이에 프랑스에 온 나는, 생-제르멩-앙-레 공립학교의 여선생님들 덕분에 금새 프랑스어에 숙달하게 되었고, 역사 교육 덕분에 프랑스의 과거를 이내 내 것으로 소화시켰다. 훗날, 어느 강의에서 "1914년에, 우리 군대는……"이라고 말하고 있는 나 자신을 문득 발견했을 때, 말을 계속하면서도 나는 생각했다. "내가 말하는 것은 물론 프랑스 군대이다. 그렇지만 내 아버지는 4년 동안, 프랑스와 맞서 싸우던 독일군의 군의관이었다. 그러니 나의 동화는 완벽하다. 잔

다르크는 정말이지 나의 할머니이고, 나폴레옹은 나의 할
아버지이다. 그리고 과거와 관련된 내 정체성 인식의 난점
들은, 루이 16세의 처형이라든가 파리 코뮌이라든가 하는
것들과 관계가 있다."

하지만 나의 경우에는 출생 국가의 언어나 문화와의 접
촉이 끊어진 적이 없었다. 나의 동료이자 친구인 피에르 밀
자(P. Milza)는 1993년에 출판한 자신의 책『리탈리 여행
(Voyage en Ritalie)』에서, 이탈리아인으로서 자신의 뿌리를
되찾기 위해 그가 기울여야 했던 노력에 대해 이야기하고
있다. 오랫동안 미국에서는 학교 건물 앞에 매일같이 국기
가 게양되었다는 사실에 프랑스나 다른 나라 사람들은 야
유를 보내곤 한다. 그러나 그들이 잊고 있는 것은 이민국가
에서는 국가의 상징이 정체성 확인의 한 요소라는 사실이
다.

프랑스에서는 왜 동화에 의한 통합이 약화되고 있는가?
부분적으로는 많은 학교, 특히 가난한 지역의 학교에서 이
민 학생들의 비율이 크게 높아졌기 때문이다. 이민자들이
북아프리카로부터 온다는 사실은 별로 중요하지 않다. 통
합, 그리고 이민 2세대의 동화는, 과거에도 그랬지만, 흔히
들 알고 있거나 이야기되는 것보다 느슨하다. 그 다음으로
는 외국인에 대한 공공연한 박해나 집단 추방이 문제인데,

남불 지방의 이탈리아인들, 북불 지방의 폴란드인들이 세기의 전환기에 그 희생양이 되었다. 사실 내 세대의 동화는 바람직한 공화적·국민적 정체성에 대한 일치된 합의가 있었기 때문에 용이하였다. 지방·문화에 따른 분화(分化)의 시대인 지금에 와서는 통합이 결코 그렇게 쉽게 이루어질 수 없다. 마지막으로, 많은 회교도들이 — 모두가 그런 건 아니다! — 교육을 통한 종교문화의 보존을 통해 정체성을 확인하려 한다는 문제가 있다. 비종교적인 학교 교육이 예전에는 그런 것을 허용하지 않았다. 기독교적인 정체성에 대한 갈등은 현저하게 줄어들었다. 기독교적인 정체성의 의미와 가치가 대부분의 기독교인들에게서 중요성을 상실하였기 때문이다. 공립학교는 여전히 통합의 강력한 인자(因子)로 남아 있다. 베일을 쓰고 다니는 소녀들을 이슬람 학교로 내모는 것은 이중으로 분리적인 정체성을 향해(언어·문화적인 분리와 특수한 여성 지위에 의한 분리) 그 소녀들을 몰아가는 결과를 낳을 것이다. 극히 이질적인 정체성의 위험은 히브리 학교에도 존재한다. 훨씬 개방적이긴 하지만, 가톨릭 학교도 정체성에 관련된 또 다른 종류의 종교적·사회적인 문제들을 안고 있다.

교육은 정체성, 최소한 동일시를 만들어낸다. 그렇지만

누구나 소리 높여 주장하는 상호이해의 윤리에 비추어볼 때, 교육은 그 정체성으로부터 거리를 두는 법도 가르쳐야 하지 않겠는가? 자기 자신을 향한 질문의 시선이 없다면 타인들에 대한 이해는 불가능하다. 나는 TV에서 에체가레 (Etchegaray) 추기경에게 질문할 기회가 있었다. 성가대의 어린이로 출발하여 고향인 바스크 지방의 작은 신학교, 그리고 더 큰 신학교를 거쳐, 이윽고 로마에 이른 그의 생애를 소개하는 짧은 영화가 방영된 다음이었다. 그의 행로는 일직선의 아주 단순한 행로였던 셈이다. 나는 물었다. "만일 당신이 그곳에서 200km 떨어진 곳에서 태어났다면 신교도가 되었을 것이고, 1,500km 떨어진 곳에서 태어났다면 회교도가, 8,000km 떨어진 곳에서 태어났다면 힌두교도가 되었을 것이라고 생각해본 적은 없습니까?" 내 질문의 뜻을 모르겠다고 그는 대답했다. 그렇지만 의문을 가져본 적이 없는 정체성이라면, 나로서는 자유로운 선택의 결과로 인정하기 어렵다.

솔직히 말해서, 비판적인 이성의 작동을 방해하는 신념들을 나는 이해하지 못한다. 1947～1950년까지 나는 티에르 재단에서 생활했는데, 그곳에서는 여러 분야의 교수자격시험 합격자들이 대학 교수가 되기 위한 준비를 하고 있었다. 우리 중의 한 사람은 고등사범학교(ENS) 출신이었다.

그러니까 그야말로 지식인이었던 셈이다. 그는 세포조직의 책임자인 공산당원이었다. 1947년에 그가 보여준 티토에 대한 존경심은 정말 대단했다. 1948년에 스탈린이 티토를 비난한 뒤로, 티토에 대한 그의 태도는 증오로 바뀌었다. 어느날 저녁 식탁에서 우리는 그에게 물었다. "티토의 뭐가 불만이지?" "그의 체제는 파시스트 체제야." "파시스트 체제가 뭐지?" "숙청을 통해 반대당을 제거하는 경찰 체제지." 우리는 폭소를 터뜨렸다. 한 30초 동안 그는 우리가 왜 웃는지 이해하지 못하다가, 이윽고 말했다. "너희들이 저속한 논법을 쓴다면, 나는 내 방으로 가겠어." 내가 결코 이해할 수 없었던 것은 그 30초의 시간, 다시 말해서 소속 의식의 과잉에 의한 그런 식의 지적인 자기소외였다.

반대로, 1968년에는—프랑스 이상으로 미국과 독일에서—소외의 극복이라는 명분하에 많은 학교 선생들이 학생들을 묶고 있는 구속을 깨뜨리려 시도했다. 어떤 의미에서, 총체적인 악으로 간주된 사회의 바깥으로 학생들을 이끌어가려 했던 것이다. 자발적인 자기축출이 전체 사회 안에 그저 하나의 특별한 부류를 만들 뿐이라는 사실을 몰랐던 것일까! 이른바 구속의 파기, 소속에 대한 과격한 문제제기는 타인에 대한 책임이라는 관념도 동시에 파괴해버렸다. 당시의 주의주장의 밑바탕에는 어린아이에 대한 루소

식의 이해, 자유롭고 순수하게 태어나지만 사회가 그 자유
와 순수를 파괴한다는 생각이 깔려 있었다.

'해방자'인 그 선생들은 교육자로서 자신들에게 부여된
네 겹의 책임을 고려하지 못했다. 우선 당연한 것이지만,
선생들 자신의 자유에 대한 책임이 있다. 그렇지만 가르칠
학생들을 있게 해준 모든 가정과 학교 제도에 대한 책임도
있다. 독선적인 해방의 이념으로 소외시켜서는 안될, 학생
들의 현재의 자유에 대한 책임도 있다. 마지막으로, 자신과
자신의 소속에 대한 비판적인 시각을 가르침으로써 교육이
계발해주어야 할, 학생들의 미래의 내적인 자유에 대한 책
임이 있다. 물론 이 책임들 사이에는 긴장과 갈등이 있게
마련이다. 그렇지만 사회부적응자로 만들지 않으면서 동시
에 자유롭게 해방시키기가 어디 쉬운 일인가?

프랑스의 경우, '귀속된 자유'라는 교육원칙이 유치원에
는 있다. 그 뒤로는 초등학생, 고등학생, 대학생 할 것 없이
모두가, 자유로우면서도 책임감 있는 인격의 계발에 별로
도움이 되지 않는 독선적인 교육원칙에 내맡겨져 있다. 셀
레스탱 프레네, 마리아 몬테소리, 오비드 드크롤리, 피에르
포르 같은 사람들의 방법이라고 해서 무조건 전부 훌륭하
지는 않다. 하지만 그들의 공통된 교육적 관심사가 우리의
공교육에 좀더 영향을 주지 못한 것이 나는 너무나 아쉽다!

자유로우면서도 잘 조직화된 인격이 갖는 엄청난 사회적 이점만 고려해보아도 그렇다. 그런 사람의 확실한 자기정체감은 그에게 최고의 영향력을 행사할 수 있게 해줄 것이다. 다시 말해서, 그의 영향력은 언제라도 타인의 영향을 받아들일 준비가 되어 있는 것이다. 영향을 주고자 하는 것이 독선적인 태도가 되는 것은 타인의 영향을 거부할 때뿐이다. 내적인 거리를 만들어준다는 점에서, 타인의 영향도 해방의 기능을 갖기 때문이다.

사회 집단을 구성하는 소속들을 뒤흔들어버리지 않으면서 귀속의식을 문제삼기는 쉽지 않다. 그렇지만 그러한 문제설정 자체는 온당한 것이라고 나는 생각한다. 하나의 성격이 어떻게 형성되는지, 하나의 태도는 어떻게 생겨나고 그 태도가 어떻게 행동들을 유발시키는지 결코 정확하게는 알 수 없을 것이라는 신념이 동반된다면 더욱 좋다. 학교의 심리상담자가 두 그룹의 청소년들을 관찰했다고 가정해보자. 하나는 장차 독일 경찰 101 예비대대의 대원이 될 집단이었고, 다른 하나는 기독교도로서 유태인 남자의 아내가 될 집단이었다고 해보자. 그 '평범한 사람들'[그들을 다룬 크리스토프 브라우닝(Ch. Browning)의 책 제목이기도 하다]로 하여금 장차 수천 명의 유태인들을 학살하게 만들 그 무엇인가를 심리상담자가 어떻게 찾아낼 수 있었겠는가? 그리고 1943년 3월 베를린의 로젠쉬트라세[번역하자면, 장미로(路)]에 위치한 게쉬타포 건물 앞에서 목숨을 걸고 며칠 동안 구호를 외쳐댄 끝에, 결국 1,500명의 유태인들을 감옥과 수용소로에서 풀려나게 만든 그 아내들의 용기를 어떻게 예견할 수 있었겠는가?

## 미디어의 동화 능력

학교와 가정, 일반적으로 교육은, 견고하면서도 가변적인 심적 구조들을 만들어낸다. 인간의 머릿속에는 수용된 메시지들을 변형시키는 프리즘, 대부분의 메시지들을 걸러내어 그 인식을 방해하는 여과장치가 존재한다. 그런 의미에서, 미디어의 입장에서는 독자, 청취자, 시청자의 정체성이 중요하다. 말을 바꾸면, 실제로 그렇든 아니든, 미디어는 자기가 송신할 내용 자체에 틀을 부여하고 그 내용에 변화를 주는 메시지들을 받고 있다고 믿는다. 마치 최대한 고객을 끌어모으고 관리해야 할 때처럼, 커뮤니케이션에 앞서 이미 존재하는 심적 구조들을 가능한 한 배려하기 위하여 미디어는 일종의 평균적인 정체성을 고려하게 되는 것이다. 지방 언론, 그리고 TV 방송까지도 가장 작은 다중적(多重的) 공통요소, 달리 말하면 기존의 정체성들에 충격을 가장 적게 주는 쪽을 택한다. 달리 표현하자면, 미디어는 정체성에 상당히 보수적으로 작용한다.

동시에, 미디어는 여러 가지 방식으로 정체성에 영향을 준다. 여과장치로서, 미약(媚藥)으로서. "활자화될 가치가 있는 모든 뉴스"라는 대(大) 《뉴욕 타임스》의 슬로건만큼 터무니없는 것도 없다. 매일 쏟아지는 수백 수천의 소식들 중에서, 편집자들은 자신들이 생각하는 대중의 기대에 맞추어 그리고 대중에게 끼치고 싶은 영향력의 정도에 따라 선택을 한다. 텔레비전의 경우가 특히 그러한데, 편집자들의 선택이 그날의 대중의 화제를 결정짓고 독자나 시청자의 현실 이해에 영향을 미친다. 텔레비전은 사실과 허구의 혼합 방식, 사실들을 '포장하는' 방식에 따라 대중의 분석능력을 마비시킬 수도 있고 열광과 반감을 불러일으킬 수도 있다. 그래서 감정과 사고를 저해하거나 자극하는 강력한 미약으로 작용할 수 있는 것이다.

전체적으로 미디어는 충격적인 것만이 정보소비자들의 관심을 끌고 그들을 묶어둘 수 있다는 원칙에서 출발하기 때문에, 부정적인 것을 특별히 선호한다. 그렇지만 충격이 정보소비자의 감정을 노골적으로 거스르지는 말아야 한다. 지방 일간지의 지역소식란만큼 진부하고 특징 없는 것도 드물다. 그렇지만 파렴치하거나 지나치게 이목을 끄는 것이 아닌 한, 성공보다는 불행이 더 잘 팔리는 것이 사실이다. 1994년에 프랑스 채널 1텔레비전(TF1)은 14명의 자식과 40여 명의 손자들을 거느리고 금혼식을 맞은 한 부부에게 그들의 하루 일과에 대한 탐방 취재를 하겠다고 통고한 일이 있었다. 사전조사가 이루어진 뒤 최종 순간에 취재가 취소되었다. "귀하의 가정에는 이혼이라든가 다툼, 문젯거리가 부족합니다." 터키인들에 대한 살상 테러가 있은 직후에 자치단체의 외국인 업무 담당책임자들이 베를린에서 회합을 가졌을 때, 루르 지방의 어느 소도시 대표자는 지난 20년 간의 성공사례들(동호회, 공동 활동, 공동 휴가)이 얼마나 많은지를 이야기하였다. 그렇지만 약간의 솜뭉치와, 몇 방울의 기름과 성냥개비 하나 때문에 이내 그의 도시는 외국인을 혐오하는 범죄적인 도시로 인식되곤 했다는 것이다. 그러면 터키인 공동체는 또 다른 테러에 대한 공포 때문에, 현지인들은 터키인들의 보복에 대한 두려움 때문에 움츠러들었다. 창조적인 활동에 대해서는, 지역 신문 말고는 어떤 신문이나 텔레비전도 독자나 시청자들에게 알려야겠다는 생각을 하지 않았던 것이다.

또한 라디오나 텔레비전, 신문이라는 발화자의 정체를 제대로 인식하는 것도 쉽지 않다. 이름, 소재(所在), 제목, 로고 따위가 있으니 표면적으로는 아무 문제가 없다. 하지만 이는 기자들을 포함한 전체 인력과 시설의 매입을 통한 소유주의 변경을 충분히 고려하지 않는 생각이다. 혹은 소유주(직·간접적인)와 경영진, 경영진과 기자들 사이의 갈등과 긴장을 충분히 고려하지 않는 생각이다. 실업률이 높은 시기에는 더욱 그런데, 기자들의 자유만큼 취약한 것도 없다. 신문의 노선과 하나가 되기를 거부하는 기자가 있다면, 그는 별 위험도 없으면서 지식인의 용기를 내세우는 대학 교수보다 천 배는 용기 있는 사람이다. 매체의 정체성 확인이 용이해 보이는 경우에도, 실제로는 애매할 때가 많다. 예컨대 네덜란드에서는 하나뿐인 텔레비전 채널의 방송 시간을 이념·종교적인 분파들 사이에 배분한 적이 있었다. 가톨릭 프로그램은 어떤 것이었을까? 오랫동안 가톨릭 교회의 공식적인 목소리는 신교의 프로그램과 구별되었다. 그러다가 1960년대 말에 와서 교계제도에 반대하는 젊은 가톨릭 신자들에게 기준이 맞춰졌다. 결국, 갖가지 오락 방송을 통하여 다른 어떤 프로그램보다도 재미를 내세우는 프로그램이 되고 말았다……

좀더 일반적으로, 텔레비전은 공영방송조차도 광고주들에게 자신을 맞추지 않는가? 달리 말하면, 시청자들을 광고의 소비자로 인식하지 않는가? 이외에도 광고를 미디어의 일부로 간주해야 할 이유들은 많다. 실제로 광고는 정체성에 영향을 미친다. 욕구, 그중에서도 비용이 드는 욕구들을 만들어내는 것이 광고가 정체성에 영향을 미치는 첫번째 방식이다. 20세기의 가장 예언적이고 가장 재미있는 책 중의 하나인 『멋진 신세계』는 1932년에 출간되었다. 그 책에서 헉슬리(A. Huxley)는 아기들이 소비자집단으로 미리 운명지어지는 '최상의 세계'를 묘사하고 있다. 예를 들면 아기들에게 들꽃들을 보여주고는 꽃을 향해 기어갈 때마다 아기들에게 전기 충격을 가한다. 아기들은 장차 모든 공짜에 대해서 '본능적인' 공포심을 갖게 될 것이다. 오늘날에는 광고가 아이들을 떠맡아 아이들 내면의 욕구를 창조한다.

아이들과 청소년은 대량소비자일 뿐만 아니라 가계 소비의 상품선택 결정자들이기도 하다. 1990년의 조사에 의하면, 4살에서 17살까지의 아이들이 휴가지 선택에서는 45%, 오디오 선택에서는 30%, 자동차 선택에서는 30%의 영향력을 행사했다. 따라서 그들은 아주 특별한 타겟이 된다. 광고업자들이 쓰는 타겟이라는 단어는 어른들을 설득할 때보다 아이들의 경우에 더 잘 들어맞기 때문이다. 그런데 설득한다니? 한 광고업자는 그것을 명확하게 표현해주었다. "구매자들은 상품을 사는 것이 아니라 욕망을 실현한다." 그럴 때의 정체성이란, 현실과 그 현실이 강제하는 사회적인 동화로부터 벗어나게 해주는 일련의 욕망과 꿈에 지나지 않는다.

나아가서, 광고는 자유와 삶의 의미에 대한 아주 특별한 관점을 제공하기도 한다. "소비하라, 즐기라! 당신의 자유는, 오늘 당신이 어제 하던 것과 정반대의 것을 하는 것이고 다른 것을 욕망하는 것이다. 당신을 위하여, 혹은 당신의 가족들을 위하여. 그밖의 사람들은 존재하지 않는다." 우리가 결론 부분에서 자세히 검토하게 될 또 다른 자유를 이처럼 심하게 훼손하는 경우는 정말 드물다. 시민으로서, 또는 인간적인 연대(連帶)의 그물 안에서 자신의 정체성을 책임지는 한 개인으로서 지속의 시간 속에 스스로를 구속시키는 자유가 그것이다.

여론조사도 정체성 인식을 굴절시키고 그에 영향을 준다. 자기정체성이든 타인의 정체성이든 마찬가지다. 판에 박힌 질문은 고정관념을 강화시키기 때문이다. "모모한 사람들은 ……인가?" '모모한 사람들'이라는 표현 자체가 이미 습관적이고 자의적인 동일시를 만들어낸다. 한번은 내게, 이른바 양국간 비교 조사라는 어떤 여론조사에 보충 질문 하나를 끼워넣을 기회가 있었다. "당신과 직업이 같고 연령이 같은 독일인(또는 프랑스인)이라면 당신과 마찬가지의 문제들을 지니고 있을 거라고 생각합니까?” ‘그렇다’는 대답의 절대 다수가 여론조사가 미리 예상하고 있었던 것과는 전혀 다른 정체성 인식을 보여주었다.

여론조사에서는 모든 개인이 명시적으로 드러나 있지는 않은 어떤 다수와 동일시되도록 예정되어 있다. 조사에 응답한 사람들 중의 다수가 긍정적으로 답했을 뿐인데도, “프랑스인들은 ……라고 생각한다”는 식이다. 또 여론조사 기관들은 일반적으로 극단적인 이분법을 사용한다. ‘약간’과 ‘완전히’는 그냥 ‘그렇다’와 ‘아니다’로 분류된다. 사실 ‘약간 그렇다’는 ‘완전히 그렇다’보다 ‘약간 그렇지 않다’에 더 가까운데도 말이다. 결국 전체적인 결과 발표에서 그들은 ‘그렇다’는 사람들과 동일시된다.

물론 정치인들이나 기자들은 전혀 조사해보거나 계산해보지도 않은 채 멋대로 “프랑스인들은 ……을 용납할 수 없을 것”이라느니 “여론은 ……를 거부한다”느니 공표했던 반면에, 여론조사는 사실에 대한 인식과 정확성을 제공한다. 그리고 어느 아카데미 프랑세즈 회원의 여론조사 비판은 보통선거에 대한 19세기 명사(名士)들의 비판을 떠올리게 한다. 그렇지만 사실상 여론조사는 정체성들을 자의적인 방식으로 이해하고 평준화시켜버린다. ‘침묵하는 다수’가 침묵하는 이유는 일반적으로 그 주제에 대해서 아무 할 말이 없기 때문일 뿐인데, 여론조사는 그들을 무관심이나 무반성으로부터 강제로 끌어낸다. 여론조사를 해보고 그 결과를 받아들이는 운동가의 실망을 우리는 이해할 수 있다. 여론조사는 그가 취한 행동의 특수성을 지워버리기 때문이다.

프랑스에서는 1967년의 법률이 생긴 이후로 질문 양식의 엄격성과 결과 발표에서는 발전이 있었다. 그렇지만 어떤 특정한 결과를 이끌어낼 의도가 없더라도, 특히 적대자가 문제일 경우에는 질문방식이 판단에 영향을 줄 수 있다. 1986년에 한 여론조사 기관이 물었다. "아시다시피 미국 공군이 리비아의 트리폴리와 벵가지를 폭격하였습니다. 개인적으로 당신은 미국의 행동을 지지합니까, 반대합니까?" 사람들은 폐허가 된 도시들을 떠올리게 되었고, 대다수가 반대하였다. 다른 조사기관은 이렇게 물었다. "카다피에 대한 미국의 행동을 지지합니까, 반대합니까?" 사람들은 그 독재자를 싫어했고, 그래서 대다수가 지지하였다. 도시들이나 카다피를 언급하지 않은 다른 조사기관은("미군에 의한 리비아의 폭격을 지지합니까, 반대합니까?") 중간치의 결과를 얻었다. 조사 결과를 활용하는 사람의 머릿속에 어떤 분명한 의도가 있을 수도 있다. 1990년 12월에 《르몽드》는 이런 제목을 뽑았다. "열 명 중에서 대략 한 명의 프랑스인

은 유태인의 대통령 당선을 싫어하는 듯하다." "90% 이상
의 프랑스인들은 …… 싫어하지 않는 듯하다"고 제목을 뽑
는 것이 더 적절했겠지만, 잠재적인 반유태주의를 드러내는
데 신문의 의도가 있었던 것이다. 로랑 파비우스(L. Fabius)
의 대통령 출마가 거론되고 있었기 때문이다. 1995년 2월
에는 ≪피가로≫가 제목을 달았다. "유태주의 — 환상과 현
실. 60%의 프랑스인들은 유태인이 국가원수에 당선될 수
있다고 생각한다." 오히려 40%를 기준으로 반유태주의의
재연(再燃)을 제목으로 달았어야 하지 않겠는가!

그러나 여론조사의 제일 큰 위험은 그것이 윤리의 창조
자나 규정자로 여겨지는 것이다. "이것은 좋은 것이다, 다
수가 찬성하니까." 또한 발표자들은 자신들의 윤리적 선택
을 뒷받침해주는 것을 선택하거나 부각시키는 법을 안다.
낙태와 사형을 주제로 ≪피가로≫와 ≪르몽드≫ 사이에 벌
어졌던 논쟁에서 그 좋은 예를 찾을 수 있다. 1981년 9월
17일 ≪피가로≫는 소프레스(SOFRES)의 여론조사를 소개
하면서 이런 제목을 달았다. "프랑스인들은 폐지에 반대한
다. 사형은 유지되어야 한다." 다수가 원하기 때문이다. 그
렇지만 그와는 별도로, 어떠한 여론조사 결과보다도 우선
시되어야 할 윤리 원칙에 따라, 낙태는 단죄되어야 했다.
1982년 12월 11일 ≪르몽드≫는 '최종 여론조사'를 소개한

다. 다음과 같은 질문에 다수가 '찬성'이라고 응답했다는 것이다. "다른 모든 의료행위와 마찬가지로 인공임신중절도 사회보장으로부터 환불되어야 한다는 주장에 당신은 찬성합니까, 반대합니까?"(우회적인 질문이기는 하다. 만약 "인공임신중절이 정상적인 의료행위라고 생각합니까"라고 질문했다면 어땠을까?) 사형의 폐지는 결코 여론조사의 대상이 될 수 없는 윤리적 절대명령이라는 것이 ≪르몽드≫의 한결같은 생각이었다.

신분에 대한 호칭이 활자 매체에서 항상 맡는 역할이 하나 있는데, 바로 편견을 강화하는 역할이다. 40년 전쯤에 한 어린 소녀가 메츠의 영화관 화장실에서 강간살해 당한 일이 있었다. 그 다음 다음날 언론은 "한 북아프리카인 체포"라고 제목을 뽑았는데, 그 며칠 뒤에 진범이 자백을 하였다. 어떤 기사도 그를 '메츠 사람'이라거나 '로렝 사람', 또는 '프랑스인'이라고 밝히지 않았다. 그 당시에 만일 '북아프리카인'이 물에 뛰어들어 여자아이를 구해내는 일이 있었다면, 기사 제목은 "한 회교도 프랑스인의 영웅적인 행동"이 되었을 것이다. 다른 관점에서, 프랑스의 언론은 엘리트 계층의 지속적인 신분 재확인에 기여한다. 프랑스의 엘리트 계층이란 스무 살에 그랑제콜에 들어간 뒤로 평생을 지도층으로 보내는 사람들이다. 다른 사람들이 지도층이 된다는 것은 현실적으로 불가능하다. 기업의 인사발표, ≪피가로≫의 명사란(名士欄)에 나오는 이름들, 주간지 ≪르푸엥(Le Point)≫의 거물급 경영자들의 보좌관 소개에는 '국립행정학교(ENA)', '고등토목학교(X-Ponts)', '고등상업학교(HEC)'라는 꼬리표들이 항상 따라다닌다. 그 인물들이 고급공무원 학교나 기사(技士) 학교를 졸업하고 나서 기업의 경영자가 된 뒤에 많은 다른 업적들을 쌓은 50대들이라 해도 마찬가지다.

미디어 분야에서 프랑스의 가장 중요한 특수성은 오랫동안 공영 텔레비전의 정체성과 관련된 것이었다. 이상하게도 정부가 제안하고 집권 사회당이 통과시킨 법률인 1982년 7월 29일자 법률에 의해 비로소 민영 텔레비전이 등장했기 때문이다. 그 1조와 2조는 다음과 같이 규정하고 있다. "시청각 커뮤니케이션은 자유롭다. 국민들은 자유롭고 다양한 시청각 커뮤니케이션을 누릴 권리가 있다." 30년이 넘도록, 공영 라디오텔레비전이라는 개념과 정부산하 라디오텔레비전이라는 개념 사이에는 거의 언제나 혼동이 있어왔다. 그 정체성에 대한 명확한 규정은 1949년에 정보담당 정무차관이었던 프랑수아 미테랑에 의해 내려졌다. 하원의 어느 진술에서 그는 주장하였다.

프랑스의 방송은 날마다, 정치를 프랑스의 이익을 다루는 국민의 정치로 만들어야 합니다. ……의회 다수파의 신임을 받고 있다는 점에서 정부는 프랑스 국민의 합법적인 대표자이며 국민의 의사를 표현할 의무가 정부에 있다는 것이 정부의 합리적인 판단입니다.

조르주 퐁피두는 공영 라디오텔레비전을 마치 '프랑스의 목소리'인 양 이야기함으로써 그 개념을 요약하였다. 드골 장군은 방송을 자신이 마음대로 처분할 수 있는 도구로 간주하였다.

내 동의도 없이 드골을 화제로 삼는 비평가나 작가나 정치꾼의 손에 프랑스의 라디오텔레비전을 내주는 것을 나는 용납할 수 없다.

그래서 그는 공공의 독점을 구실로, 정확히 말하면 정부의 독점이지만, '유럽 1', 'RTL'과 같은 '인접국가 내의 프랑스 방송국'들을 없애려고 하였다. 최근에 와서 그러한 발상이 공개적으로 표명된 경우는 1982년 2월 ≪텔레라마(Télérama)≫지(誌)에 실린 문화부 장관 자크 랑(J. Lang)의 발언이었다.

나는 의회와 정부가 라디오와 텔레비전 방송의 책임자들에게 명확한 의무조항들을 부과해야 하며, 자신들의 사적인 이해만이 아니라 국가 전체의 지적·문화적 발전을 위해서 그들이 존재하는 것임을 상기시켜주어야 한다고 생각합니다. ……방송 책임자들이 한 나라의 문화적인 기획이나 법보다 상위에 있을 수는 없습니다.

오늘날 서유럽 도처에서 공공 방송은 정부보다도 광고에 더 많이 종속되어 있고, 질 낮은 프로그램들은 텔레비전 시청자들을 타락시킬 위험이 농후하다. 그렇다고는 해도, "오락을 통해 타락시킨다(untenhalten durch unterhalten)"는 독일의 경구(警句)를 일반화할 수는 없으며, '긍정적인 주인공'이 배우의 정체성을 능가하는 고유의 현실성과 정체성을 획득하는 일도 있다. 1995년 봄에 프랑스의 교육부 장관은 배우 제라르 클라인(G. Klein)에게 훈장을 주었고, 교황은 (신교도) 배우 귄터 쉬트라크(G. Strack)에게 훈장을 주었다. 사실상 그 훈장들은 각각 『선생님(L'Instit)』, 그리고 인기 연속극 <몸과 마음을 다하여(Mit Leib und Seele)>의 주인공인 켐페르트 할아버지에게 수여되는 것들이었다.

모든 나라에서 논쟁의 초점이 되고 있는 것은 차라리 폭력과 텔레비전의 관계이다. 어떤 나라의 경우에는, 죽음에 처해야 할 적대집단을 라디오 방송이 지목하기만 해도 대대적인 살상이 벌어졌다. 『증오의 매체』(1995)에서 '국경 없는 리포터 연합'은 그런 식의 참화가 증가하고 있다고 지적하였다. 프랑스의 경우에 핵심적인 문제는, 텔레비전

화면을 통해 일상화된 폭력에 젊은이들이 길들여진다는 사실보다는 폭력 집단에 항상 방송의 우선권이 주어진다는 사실일 것이다. 어부들이든 트럭 운전수들이든 아니면 과일 생산자들이든, 규칙을 어기기만 하면 자신들의 존재와 입장을 세상에 알리고 관철시킬 수 있다면, 우리가 1장에서 말했던 규칙의 정당성은 흔들릴 수밖에 없다. 더군다나 텔레비전 기자는 "만일 외국에서 프랑스산 생선이나 토마토가 폐기된다면 어떻겠는가?"라고 질문하는 대신에 "당신들의 정당한 분노, 그 이유를 말해 보라"고 주문한다.

아이들의 경우, 핵심적인 위험은 성격이 폭력적으로 바뀐다는 사실이 아니라 켜진 텔레비전 화면말고는 많은 시간 동안 대화상대가 없기 때문에 조화로운 정체성이 형성되지 못한다는 사실이다. 환경에 적응도 못하고, 필수불가결한 요소인 타인에 대한 자기 표현도 불가능하다. 릴리안 뤼르사(L. Lurçat)가 쓴 『갇힌 시간』의 부제를 인용하자면, 그야말로 "텔레비전에 도둑맞은 유년"인 셈이다. 아이들은 현실과 허구를 분간해내지 못한다. "내 두 눈으로 보았으니, 그건 사실이다"라는 표현이 갈수록 무의미해지는 상황에서, 결국은 어른들도 점점 더 현실과 허구를 분간하지 못하게 될 것이다. 이미지 조작 때문이다. 가장 끔찍한 예는 아마도 미국에서 있었던 경우일 것이다. 이라크와의 전쟁은 대중의 분노를 배경으로 시작되었고, 그 분노를 야기한 것은 극히 야만적인 어떤 행위에 대한 이야기, 예멘의 여러 병원에서 죽임을 당한 갓난아이들에 대한 이야기였다. 눈물을 흘리며 증언을 한 젊은 여인은 예멘 대사의 딸이었는데, 그 여자는 오래 전부터 자기 나라에 간 적이 없었다. 프로그램을 기획한 것은 예멘 정부로부터 돈을 받은 어느 홍보대행사였다. 인물이나 상황에 대한 사실 확인이 불가능한 허구 이미지들의 출현과 발전이 그런 위험을 한층 심화시키고 있다.

# 3
# 하나의 예, '유럽의 정체성'


'유럽의 정체성'이라는 표현이 여러 담론과 시사평론가들의 글에서 끊임없이 출몰하고 있다. 그 표현은 몹시 모호하다. 적어도 아주 불명료하다. 2장까지의 논의를 바탕으로 유럽의 정체성을 한번 조명해보자. 우선은 한 가지를 부정하는 것으로 시작하자. "할 수만 있었다면, 나는 문화에서부터 시작했을 것이다" — 흔히들 유럽공동체의 '아버지'인 쟝 모네(J. Monet)가 한 말이라고 하지만 다행히도 그는 그런 표현을 쓴 적이 없다.

그리스 사상과 로마법, 그리고 기독교라는 세 개의 받침대 위에 세워진 유럽의 문화를 말하는가? 그럴 수도 있겠지만, 그 범위를 어떻게 획정(劃定)한단 말인가! 톨스토

이와 도스토예프스키, 그리고 그들의 조국 러시아도 함께 그 안에 포함되어야 한다. 그 뿌리가 여전히 서유럽과 닿아 있는 미국도 마찬가지다. 음악, 자연과학, 문학, 인문과학 할 것 없이, 미국 문화와 유럽 문화 사이의 상호침투는 결코 멈춘 적이 없다. 프랑스에는 일반적으로 아리스토텔레스적인 엄격함이 부족하다. 1981년에 부임한 신임 문화부 장관*은 미국의 문화 제국주의를 비판하였다. 그러나 미테랑 대통령의 첫 7년 임기가 끝날 무렵 그는 유로디즈니랜드의 프랑스 유치 결정을 기분 좋게 발표하였고, 그 뒤에는 실베스터 스탤론에게 문예공훈 훈장을 자랑스럽게 수여하였다. 무엇보다도, 같은 음악과 같은 그림을 사랑하는 프랑스인들과 독일인들 사이의 살상행위를 문화는 막지 못했다. 그리고 로멩 롤랑은 예외였지만, 1914년에는 토마스 만과 같은 유럽 최고의 교양인들이 민족주의적인 증오심에 도취된 바 있다.

다행히도, 전후에 유럽 내의 갈등을 줄이려는 노력은 대뜸 정치·윤리적인 목표를 내걸었고 경제를 가장 중요한 수단으로 삼았다. 1946년 9월 19일 취리히에서 행한 유명한 연설에서 윈스턴 처칠은 이렇게 선언하였다.

---

* 1981~1986년까지, 다시 1988~1993년까지 문화부장관을 지낸 자크 랑(J. Lang)을 가리킨다.

유럽 가족을 재창조하기 위해 해야 할 첫번째 일은 독일과 프랑스 사이의 협력관계를 제도화하는 것이다. 그것이 프랑스가 유럽에서 문화적·정신적 지도력을 되찾는 유일한 방법이다……. 유럽연합의 틀은 각 개별 국가의 물리적인 힘이 갖는 중요성을 줄이는 방향으로 만들어져야 한다.

1950년 5월 9일, 유럽 석탄-철강 연합에 대한 프랑스 정부의 발표는 이렇다.

유럽은 단번에 이루어지지도 않고, 전체적인 하나의 구조물로 이루어지지도 않을 것이다. 우선은 실질적인 연대를 창출할 구체적인 실천들이 행해져야 한다. 유럽 국가들의 결집을 위해서는 프랑스와 독일 사이의 해묵은 대립이 해소되어야 한다. 이 새로운 시도는 우선 무엇보다도 프랑스와 독일을 표적으로 삼아야 한다.

1957년에 체결된 유럽 경제공동체 창설을 위한 로마조약의 전문(前文)에 의하면, 조인국가들은

유럽 민족들간의 더욱더 긴밀한 통합의 기초를 확립하기로 결의하고…… 지역간 격차를 줄이고 낙후된 지역의 후진성을 해소함으로써 민족 경제들의 균형잡힌 발전을 도모하며 경제적 통합을 강화하기 위하여 노력한다…….

1992년 2월 7일, 마아스트리트조약의 전문에서 12개 조인국들은 이렇게 밝히고 있다.

유럽공동체 창설에 의해서 시작된 유럽 통합의 과정에서 새로운 한 단계를 뛰어넘을 결의로……

그 12개국들은

유럽 통합을 진전시키기 위해 넘어야 할 이후의 단계들을 고려하여

"유럽연합을 창설하기로" 결정하였다.

물론 약간은 과장되고 약간은 무의미한 의지 표명들이다. 그렇지만 망각이나 무지에서 비롯된 태도들보다는, 그리고 신화적인 상징들을 유지시키는 것보다는 그런 것들이 좀더 실질적인 발전에 가깝지 않은가? 1974년 7월 5일 지스카르 데스텡 대통령의 첫번째 수상이었던 자크 시락은 하원에서 이렇게 선언하였다.

유럽 정책은 이제 프랑스 대외정책의 한 부분이 아닙니다. 그것은 별개의 것이고, 우리가 우리 자신을 위해 세우는 기본적인 계획들과 더 이상 분리될 수 없습니다.

물론 자크 시락이 유럽적인 정체성이 국민 정체성을 대체해야 한다는 바람을 피력하려 했던 것은 아니다. 다만 단순한 국가 연합과는 판이한 유럽공동체의 특수한 성격을 강조했던 것이다.

그런데 프랑스의 일급 대학교수들, 20세기 프랑스를 연구한 일급 정치학자들과 역사학자들은 실질적인 정체성을 획득한 유럽 내부의 상호의존과 상호결합, 상호침투의 전체적인 관계 속에 프랑스가 이미 수십 년 전부터 편입되어 있다는 사실을 전혀 모른다는 듯이 글을 쓰고 있다. 그 결과, 그들의 독자들은 독자들대로 여전히 공동체의 현실에 대해 아무것도 모르고 있다. 그리고 텔레비전 시청을 통해서도 사람들이 더 많은 것을 알게 되지는 않는다.

상징은 다양한 영역에서 작용한다. 독일의 국위(國威)는 흔히 화폐를 통해 인식된다. 1955년에 재창설되었지만 특별한 위세를 획득하지 못한 군대를 마르크가 대신하게 된 것이다. 영어로 '유럽 통화 단위'의 머리글자 약자가 ECU인 까닭에 유럽공동체의 재정은 '에퀴(écu)'로 산정되고 있는데, 그러한 언어 상징체계는 프랑스인들에게 대단한 만족감을 준다.* 정치적인 파장이 훨씬 크기 때문에 좀더 심각한 예가 하나 있다. 독일, 프랑스, 영국이 모두 무의미해진 수치(數値)에 집착함으로써, 자신들을 여전히 세계적인 수출대국으로 인식하고 있다는 점이다. 뉴욕과 샌프란시스코 사이의 교역은 '세계' 교역이 아니다. 함부르크와 리용,

---

* '에퀴'는 프랑스의 옛 동전(금화 또는 은화)의 이름이다.

브뤼셀과 밀라노, 리스본과 코펜하겐 사이의 교역도 마찬가지다. 유럽연합 각국의 수출의 60% 이상은 1993년 1월 1일 이후로 단일화된 경제 공간 내에서 이루어지는, 쌍방간의 역내 수출이다.

유럽공동체는 처음에 6개 회원국으로 출발하였다. 아무도 그것을 유럽 그 자체와 동일시하려고는 생각하지 않았을 것이다. 그 뒤로 공동체가 확대될 때마다, 정체성에 관련된 이중적인 문제 하나가 제기되곤 하였다. 공동체의 바깥에 남은 유럽의 '내용과 성격'이라는 문제가 그것이었다. 1973년 1월 1일에는 덴마크, 아일랜드와 함께 영국이 가입함으로써, 프랑스의 모순된 논리 하나를 사라지게 만들었다. 영국의 가입을 거부할 목적으로, 드골 장군은 참으로 두 번이나 비상식적인 어법을 쓴 바 있다. 그의 입장을 요약하자면, 드골 또한 거부하고(!) 있는 일정 형태의 유럽, 다시 말하면 단순한 국가 연합과는 아주 다른 형태의 유럽을 거부하고 있기 때문에 영국은 공동체에 가입할 수 없다는 것이었다. 게임 이론의 용어를 쓰자면, 드골은 훨씬 뒤의 대처 여사와 마찬가지로 유럽을 일종의 제로섬 게임으로, 각자의 이득이 양보의 합과 같을 것으로 이해하고 있었다. 반면에 로마조약의 조인국들은 실리 게임으로, 다시 말해서 이득의 합이 손실의 합보다 훨씬 클 것으로 생각하고 행동하였고, 결과는 실제로 그러하였다.

사실 제4공화국 이래로, 프랑스의 정책은 유럽에 대한 또 다른 전망에 바탕을 둔 것이기도 하였다. 전쟁이 끝나면서부터 영국과 프랑스는 다음과 같은 문제의 해결책을 모색하였다. "이제 우리나라는 더 이상 세계적인 강대국이 아닌데, 어떻게 하면 세계적인 영향력을 유지하거나 되찾을 수 있을까?" 영국의 해법은 실질적인 강대국인 미국과 특별한 관계를 갖는 것이었다. 프랑스의 해법은, 유럽공동체를 통해 프랑스의 목소리를 세계적으로 강화하는 것이었다. 그 안에서는 프랑스만이 세계적인 영향력을 행사하는 하나의 유럽을 창조하려 했던 것이다. 영국에 대한 거부는 유럽에 대한 그런 식의 구상을 포기하지 않겠다는 것을 의미하기도 하였다.

9개국에서 12개국으로의 이행은 정치적인 윤리에 의거하여 이루어졌다. 1974~1975년에 독재권력의 몰락을 경험한 그리스, 스페인, 포르투갈은 유럽 경제공동체에 이렇게 제안하였다. "경제적인 이유가 아니라 우리 국내의 미성숙한 민주주의를 공고히 해준다는 의미에서 우리의 가입을 받아주시오." 1990년부터는 프라하, 바르샤바, 부다페스트도 똑같은 의견을 제출하였다. 자유민주주의 정부의 확산으로 소련 지배하의 구(舊)정부가 사라져가던 시기의 일이었다. 실제 과정에서의 여러 가지 결함과 불공정에도 불구하고, 독일 통일은 그야말로 민주주의의 진전이었다. 물론 1990년 이전을 똑같이 정당하거나 똑같이 부당한 두 블록 사이의 대결로 인식한다면 문제는 달라진다. 그러나 자유로운 유럽 안의 자유로운 독일과, 자유롭지 못한 유럽 안의 자유롭지 못한 독일이 있었을 뿐이다. 일단 독재권력이 쓰러지자, 권력 승계자들이 요구한 것은 '서구화'가 아니라 자유롭고 조직화된 유럽의 일원이 되는 것이었다. 그 유럽은 냉전의 종식에 전혀 영향을 받지 않는 유럽이었다. 다만, 옛 소련 영향권에 있었던 나라들의 요구는 아직도 공동체의 불안정 요소가 될 위험이 있는 것이 사실이다.

사실 그 나라들은 남유럽 국가들의 경우보다 해답을 찾기가 훨씬 더 어렵다. 공동체의 확대를 어느 선에서 멈추어야 하는가? 발트 연안국들, 루마니아, 불가리아는 하나로 조직된 유럽에 포함될 것인가? 공산주의의 몰락이 야기한 사회·경제적인 구조의 혼란은 자본주의 독재정권으로부터 자본주의적 민주주의로 이행하는 것과는 그 차원이 다르다. 그러나 정치적·법률적으로 조직화된 연대(連帶)라는 유럽의 정의에 비추어 볼 때, 그 나라들의 가입 원칙만은 틀림없는 사실이다.

유럽연합의 그러한 본질은 공개적인 토론이 짐작케 해 주는 것 이상으로 이미 그 제도적·의사결정적·상호관계적 현실 속에서 확인이 가능하다. 수십 년 전부터 법률학자들은 유럽연합이 '연합'인지 '연방'인지를 놓고 토론을 벌여 왔다.[*] 골치 아픈 것은 유럽의 현실이 아주 독특하다는 점이다. 유럽연합은 연합체이기에는 부족하면서, 또한 많은 점에서 연방제 그 이상이다. 일반적으로 연합은 회원국 공동의 대외 정책과 군사 정책을 소유한다. 유럽연합은 그와는 거리가 멀다. 조약은 그런 분야에 관한 한 아주 우유부단해서, 하나의 현실을 기획하기보다는 희망을 피력하고 있는 수준이다. 반대로, 회원국 모두에게 적용되는 법제들과 공동체 기구의 승인을 받아야 하는 법규들이 유럽연합의 경우처럼 많은 연방 국가는 별로 없다. 마아스트리트에서 수정된 로마조약 189조의 내용은 주목할 만하다.

> 현재의 조약에 미리 규정된 조건하에 임무를 완수하기 위하여, 이사회와 위원회(Commission)는 여러 규정과 지침을 정하며 유럽 의회는 이사회(Conseil)와 공동으로 결정을 취하거나 권고 사항 또는 의견을 표명한다.
> 규정은 보편적인 효력을 지닌다. 규정은 모든 항목이 의무적이며, 모든 회원국에서 직접적으로 적용 가능하다.

[*] 'Union européenne'을 '유럽연합'으로 번역하였지만, 'fédération 연방'과의 용어 구분을 위해서 'confédération'도 '연합'으로 번역한다.

지침은 그 목표에 있어서는 모든 대상 회원국을 구속하지만, 그 방법과 형태에 있어서는 해당국의 결정기관에 그 권한을 넘긴다.
결정의 모든 항목들은 그 결정의 대상이 되는 국가들에게 의무적이다……

1964년 7월에 이미 룩셈부르크 소재 유럽공동체 재판소는 선언한 바 있다.

회원국들은 조약의 각 조항에 상응하는 권리와 의무들을 국내법의 차원에서 공동체법의 차원으로 이전함으로써 각국의 주권을 결정적으로 제한받게 된다.

유럽공동체 재판소는 현실적으로 공동체를 만들어나가는 데 많은 기여를 하고 있고, 또 경제와 아무런 직접적인 관련이 없는 사항들에 대해서는 자체적으로 결정을 내릴 수도 있다. 예컨대 1994년 6월에 재판소는 영국에 대하여 임금노동자의 해고와 노동자 대표와의 사전 협의에 관한 1975년과 1977년의 지침을 위반했다는 선고를 내렸다. 그 전 달에는, 사용자들에 맞서 임신 여성들의 보호를 강화하는 조치를 취하기도 하였다. 일반적으로 회원국들은 유럽공동체의 결정에 승복한다. 때로는 개별국가의 사법기관이 그것을 강제하기도 한다. 예를 들면, 1990년에 프랑스 국가회의(Conseil d'Etat)[*]는 사과 생산자들에 관한 부령(部令)

하나를 무효화시킴으로써 법률해석에 대한 자신의 입장을 더욱 분명히 하였는데, 1972년의 공동체 규정에 따라 회원국에게는 그 사안에 관한 결정권이 없어졌다는 이유에서였다.

그렇다면 유럽연합 내의 합법적인 권력의 소재를 확인하고 그것을 통해 유럽연합이라는 존재의 상징적인 구현물을 찾아내기가 쉬울 것처럼 보인다. 그런데 바로 거기에 유럽연합의 약점이 있다. 모든 회원국들은 이른바 의회제를 채택하고 있다. 따라서 논리적으로는, 유럽 의회가 합법화와 단일화의 우선적인 장소가 되어야 할 것이다. 아주 불충분하지만, 세 가지 점에서는 실제로 그렇다. 첫째, 유럽 의회의 구성원들은 보통선거로 선출된다. 둘째, 선거는 국가 단위로 치러지지만, 당선자들의 의석은 국가별이 아니라 초국가적인 정치 단체별로 나뉘어진다. 마지막으로, 마아스트리트조약에 의해 의회의 권한이 강화됨으로써, 의회는 위원회에 대한 신임을 그 임무 시작에 앞서 거부할 수 있고 법률제정에도 동참한다.

그렇지만 의회의 동참권과 공동결정권은 극히 제한적이다. 공동체의 체계에서 실질적인 입법부는 절대 과반수 이

---

* 행정 법원의 결정들에 대한 상고심 혹은 파기심을 담당하는, 행정 분야의 프랑스 최고 법원.

상의 다수나 만장일치로 의사를 결정하는 회원국 정부 전체 모임이다. 집행부와 입법부 사이의 기이한 혼돈 현상은 전면에서 활동하는 기구인 이사회와 전면에 결코 나서는 법이 없는 기관인 상임대표자위원회(COREPER)의 내부에서 역력히 드러난다. 상임대표자위원회에서는 각 정부 대표들 사이에 타협이 모색되는데, 이사회는 일반적으로 그 결정을 받아들인다. 원칙적으로 독립적인 임원들로 구성되는 위원회는 폭넓은 독자적 결정권과 강력한 제안권을 갖는다. 완전한 동의를 이끌어낼 합법성을 산출해내기에는, 전체적으로 명확한 제도적 통일성의 결여되어 있는 것이다.

상당히 단일화된 분야들이 있기는 하다. 농업이 그렇고, 공공 보조금에 관한 것이든 대기업간 협정에 관한 것이든 역내 시장의 기능 감시가 그렇다. 그러나 정체성을 말하기에는 상징적으로라도 있어야 할 측면 하나가 결핍되어 있고, 또 다른 측면 하나는 유럽의 정체성이 온전히 실재한다고 주장하는 사람들에 의해 충분히 전면에 제시되지 못하고 있다.

첫번째는 '유럽 방위의 일체성'에 관한 것이다. 옛 유고슬라비아의 참혹하고 야만적인 사건들은 그것이 아직도 허구에 불과하다는 것을 보여주었다. 유럽 방위의 일체성이 프랑스 - 독일이라는 핵을 중심으로 이루어지는 것도 배제할 수는 없다. 다만, 1994년 7월 14일에 독일 군인들이 샹젤리제 거리를 행진한 사실이 갖는 상징적인 의미의 맥락에서, 먼저 두 가지 동의가 실질적으로 이루어져야 할 것이다. 첫째로, 프랑스는 제도화된 유럽을 통해서만 강력한 군사력을 지녀야 한다는 것이고, 둘째로, 독일은 모든 책임을 공유할 때에만(독일 군인들의 죽음을 야기할 수도 있는 책임까지 포함하여) 진정으로 유럽에 속할 수 있다는 것이다.

두번째 측면은 윤리적인 것이다. 유럽연합은 정치적인 자유와 인권을 표방하는 민족들로 구성되어 있다. 그러나 제도적으로 그 권리들을 보호하고 권리 침해를 제재하는 기구는, 미미한 권한밖에는 없고 유럽연합보다 더 많은 나라들로 구성된 기구인 유럽회의(Conseil de l'Europe)[*]이다. '기본 자유와 인권 보호를 위한 유럽 협약'은 1950년 11월 4일에 조인되어 1953년 9월부터 발효에 들어갔지만, 프랑스에서는 1981년 10월에야 비준되었다. 오랜 시간이 필요하긴 하지만 민간인들이 자신들의 정부에 제재를 가할 수도 있다는 점에서, 그 협약은 아주 독특한 재판소[**] 하나를 만들었다. 반면, 유럽연합은 간접적인 방식으로만 그 분야

---

[*] 유럽회의는 1949년에 창설된 협력 기구이다. 23개 회원국으로 이루어져 있고, 1950년에 '기본 자유와 인권 보호를 위한 유럽 협약'을 마련하였다.

[**] '유럽 인권재판소'를 의미한다.

에 개입하고 있고, '공화국'이라는 단어가 프랑스의 제도
체계에 부여해주는 것과 같은 윤리적인 정당화의 방식을
전혀 갖추지 못하고 있다.

# 4
## 육체와 정신

정신은 제어되고 육체는 명확히 규명되었는가? 그렇다면 논란은 왜 그렇게 많고 입법 청구나 법률에 대한 거부는 왜 그렇게 많은가? '내 몸은 나의 것'이라는 주장은 임신 중절에 대한 입장의 대립에 연결된다. 의무적인 예방 접종, 자동차의 안전 벨트, 술, 마약, 담배 — 공동체는 그 누구의 육체도 손상되지 않도록 법률을 제정한다. 또는 해방을 위해 법제를 바꾸기도 한다. 1967년 12월 28일에 뇌비르트법이 공표되기까지 프랑스에서는 피임 방법의 보급이 금지되어 있었고, 그 법의 시행령이 만들어진 것도 1972년에 가서다. 과학의 눈부신 발전으로 입법의 필요성이나 부당성을 둘러싼 전혀 새로운 문제가 제기되었다. '의학적 수단에 의한 생명 연장' 논쟁이 미처 끝나기도 전에 '우생학' 논쟁이 부상하는 식이다. 그리고 '정자 제공에 의한 인공수정(IAD)'으로 태어난 사람에게 과연 어떤 정체성과 규정을 부여할 것인가? 유전자 조작을 통해서 미래의 한 정체성을 어디까지 바꿀 수 있는가?

여기서 직접적으로 정치적인 영역을 다시 거론할 필요는 없을 것이다. 정체성에 대한 질문의 차원이 달라지면서 개인들에게 좀더 본질적인 것들, 각자의 정체성의 핵심을 구성하는 요소들이 다루어 질 것이다.

## 선천적인 것과 후천적인 것

육체란 무엇인가? 특히 지식인들에게 육체적인 힘은 경멸의 대상이 되곤 했다. 아스테릭스 / 오벨릭스* 쌍은 '허약하기 때문에 영리하다'는 의미를 은연중 함축한다. 포르토스(Porthos)**도 네 명의 근위기병 가운데 힘은 제일 세지만 제일 우둔한 인물이었다. 육체 숭배와 스포츠의 위대성에 대한 긍정은 일반적으로 권위주의 체제에서나 볼 수 있는

---

* 1959년에 주간지 《필로트》에 연재되었던 만화의 두 주인공. 정복자인 로마인들에 맞서 싸우는 골족(族)의 전사들이다.
** 알렉상드르 뒤마의 소설 『삼총사』에 나오는 인물.

현상이었다. 기량이 뛰어난 남녀는 이데올로기의 구현 그 자체였다. 그들에게 부과되거나 그들 스스로 자신에게 부과하는 규율은 사회 전체가 바라는 규율의 본보기 역할을 하였다. 운동선수들의 신체적인 정체성이 그들의 정신적인 자유보다 더 존중될 필요는 없었다. 동독에서 발견된 끔찍한 자료들은 여성 신체의 남성화, 강제 유산으로 귀결되는 '자극' 임신 따위들로 가득하다. 서구에서는 승리가 곧 금전적인 소득과 연결된다는 유혹 때문에, 스포츠를 구실로 신체의 온전한 상태를 결정적으로 훼손하는 일이 계속 이어져왔다.

그렇다고 해서, 스포츠의 해방적인 기능에 대해서까지 칭찬을 아낄 필요는 없다. 정신을 해방시켜주는 측면 말이다. "신체는 허약할수록 더 지배하고 건강할수록 더 복종한다"고 루소는 썼다. 스포츠는 의존과 속박으로부터 인간을 해방시켜준다. 또 무리가 팀을 이룰 때는 긍정적인 집단 정체성을 만들어내기도 한다. 끝으로, 스포츠는 의지, 무엇보다도 자기 극복의 의지를 자유롭게 발산시켜준다.

그러나 신체 발달에 대한 칭찬에는 은연중 허약자나 장애자들에 대한 멸시가 들어있지 않은가? 절대로 그렇지 않다. 장애자들 가운데 많은 사람들에게 희망과 실질적인 발전을 가져다주는 것이 바로 힘들지만 수없이 반복되는 신체적인 노력이다. 소홀하게 방치된 신체와의 자기동일시는 흔히 전체적인 정체성의 훼손을 낳는다. 신체적인 약점이나 노쇠도 비범한 작품들의 원천이 되어왔다는 점에서, 신체 단련이 전제하고 있는 듯한 미의 찬양, 의지의 찬양은 숱한 창조자들과 훌륭한 창조물들을 부정하는 결과를 낳지는 않는가? 그렇지만 어쨌든, 신체의 와해와 노쇠에 대한 찬미에 우선권이 주어질 수는 없다. 추함이 찬미의 대상이 될 수도 있지만, 일반적으로는 정체성의 위축과 의사소통 장애의 요인이 되는 것이 사실이다. '소외시키는' 시선, '사물화하는' 시선에 대한 사르트르의 이론은 사르트르 자신의 추한 용모를 고려하지 않는다면 이해하기 어렵다.

육체 찬양에는 또 다른 이점이 있다. 그것은 인간을 훼손시키고 실추시키는 모든 것을 규탄하게끔 만든다. 고문은 물론이고, 공장과 작업장, 광산 노동에서 입게 되는 무수한 신체 훼손처럼 항상적인 실추 현상도 마찬가지다. 오늘은 여러 다른 대륙의 일이지만, 어제까지는(정말 어제까지의 일인가?) 우리 대륙의 일이기도 했다. 그러나 창조적인 노동은 인간을 소외시키지 않는다. 과수원 하나를 어떻게 온전히 꾸밀 수 있었는지를 설명하면서 한 원예가가 자신이 하고 싶은 말을 단 한 마디로 요약하고 있는 "배우는 비결은 사랑하는 거에요!"라는 외침에 아무도 소외라는 수식을 달지는 않을 것이다. 그의 작업은 그의 가장 개인적이고 자유로운 정체성의 표현이다.

개인의 정체성은 타고나는 것인가 아니면 학습의 결과로 주어지는가? 오래된 주제지만 새삼 격렬한 논쟁의 대상이 되고 있는 이 인과관계의 이원성에서도, 문제는 육체다. 그 질문의 대답은 너무나 뻔해서, 왜 그토록 많은 설명들이 쏟아져나오는지 나는 이해하기 어렵다. 비율이 문제일 뿐이지, 타고나는 부분도 있고 획득되는 부분도 있을 것이다. 문제는 논리의 일관성이다. 어린아이의 입양은 교육 환경과 미래의 학습을 통해서 가족과의 동화가 가능하리라는 신념을 전제한다. 아이의 인격이 생물학적인 조상으로부터 물려받은 유전자의 산물일 뿐이라면, 그런 신념은 전혀 무의미해질 것이다. 그런데 우리는 절대적인 선천적 결정론과 입양을 둘 다 지지하는 사람들을 쉽게 볼 수 있다.

유전학이 '1968년 세대'가 절대적인 후천성을 선언한 직후에 발전하지 않았더라면, 그토록 논란의 대상이 되지는 않았을 것이다. 정신분석과 심리학이 밝혀내거나 치유하고자 하는 개인의 심리적인 드라마와 장애가 그런 경험을 하고 있다는 것을 알지도 못하는 나이에 이루어진 어떤 경험으로부터 생겨나는 것이 아니라 유전자에 뿌리를 둔 것이라면, 정신분석이나 심리학은 위기에 처하지 않겠는가? 개인의 사회적인 상황으로 모든 것을 설명하려 하는 사회학자들의 경우를 포함하여, 설명의 독단주의가 없었더라면 흥분도 덜했을 것이다.

진화에 개입하려는 인류의 의지가 최근에 와서 생긴 것은 아니다. '퇴화한 자'들의 거세를 전제로 하는 '우생론'은 19세기 프랑스 문학의 일각에서 이미 전개된 바 있다. 20세기에 와서는 종족의 순수성을 구실로 행해진 히틀러의 독가스 학살 이전에도, 미국에서는 이미 1908년부터 수만 명을 대상으로 한 의학적인 실험이 행해졌다. 어쨌든 개인적인 열등성의 이유를 민족적인 소속이나 사회적인 소속에서 찾아내는(후자는 열등성을 만들어내기보다는 그것을 표출한다고 생각되지만) 낡은 이론들이 아직도 사라지지 않고 있다. 달로즈 출판사*에서 나온 개론서인『일반 형법』에는 1987년까지도 이런 내용이 들어 있었다.

범죄의 태생적 요인들: …… '선천적인' 기질들은 태어나자마자 개인에게 영향을 미친다. 육체적·정신적·사회적 관점에서의 병적인 소질은 결정적인 예후(豫後)를 이루지는 않더

---

* 달로즈 출판사는 19세기의 프랑스 벌률가이자 정치가였던 빅토르 달로즈(V. Dalloz) 형제가 세운 출판사로, 많은 법률관계서적들과 법전들을 출간하였다.

라도, 특히 정신과 육체 양쪽에 걸친 뿌리 깊은 소질인 경우에는, 현저한 장애를 형성한다. 종적(種的)인 유전은 그로 인해 개인에게 부여되는 기질과 정신발달 과정을 통하여 개인 행동의 어떤 측면들을 설명해줄 수 있다.

그렇지만 오늘날에는 인간의 정체성을 일정한 방향으로 (재)유도하기 위한 처치의 가능성이 좀더 구체화되고 좀더 개별화되었다. 성인(成人)들이 대상이 될 수도 있다. 예컨대 성범죄자의 사회적인 위험성이 실제 수술이 가능한 뇌의 어떤 성분에서 기인한다면, 종신 감금과 재범 사이에서 선택하느니 차라리 왜 수술을 택하지 않겠는가? 그러나 일단 한번 그 길로 들어서고 나면, 일탈에 대한 정의를 계속 넓혀가면서 일탈자들을 외과적·화학적으로 처치하고자 하는 유혹이 얼마나 크겠는가! 영화 ≪뻐꾸기 둥지 위로 날아간 새≫의 주인공이 보여주는 파괴된 정체성이 그에 대한 경고가 될 수도 있을 것이다.

정말 매력적인 것은 태어나기도 전, 심지어 수태도 되기 전에(전통적인 의미의 수태가 그때에도 존재한다면……), 23쌍의 염색체가 실어 나르는 수천만 개의 유전자 중의 어떤 것들을 미리 조작할 수 있는 가능성이 점점 커지고 있다는 점이다. 그로부터 한편으로는, '위대한 신세계'에 대한 소름끼치는 비전이 생겨난다. 알파 염색체가 갖는 우성

(優性)의 지적 능력에서부터 엡실론의 반복적인 동작에 이르기까지, 유전자 복제를 통해 각기 특수한 임무를 만족스럽게 수행할 수 있는 인간 부류들을 미리 결정하는, 그래서 모두가 행복해지는 그런 세계에 대한 비전 말이다. 또는 부모들이 자기들의 이상에 맞는 아이를 선택할 수도 있을 것이다. 다른 한편으로는, 결함 있는 유전자를 건강한 유전자로 대체하는 방법을 써서 끔찍한 유전병들을 줄여나가고, 궁극적으로는 전부 사라지게 만든다는 고무적인 목표가 등장한다.

유전자 조작의 가능성이 점점 더 빨리 발전하고 있다는 사실을 전제할 때, 그 조작 가능성에 어떻게, 어떤 기준으로 규범을 부과할 것인가? 단순한 지식조차도 그 활용이 문제가 된다. 오늘날, 특정한 어떤 태아는 몽고증이 있는 아이가 된다는 사실을 사람들은 알고 있다. 유산과 임신 지속 사이의 선택은 부모의 것이다. 그 선택은 부모들 자신의, 그리고 다른 자식들의 미래의 정체성과도 관계가 있다. 어쩌면 사랑하는 능력이 강화될 수도 있고, 어쩌면 사랑이 단 하나의 존재에 지나치게 집중될 수도 있을 것이다. 그럴 때 그 사랑받는 존재는 자신의 제한된 정체성 속에서 고통스러운 존재일까 아니면 행복한 존재일까? 또 다른 질병들에 대해서는 발병 시기와 확률을 놓고 토론하는 단계에 와 있다. 알츠하이머 병의 출생 전 진단 가능성을 놓고 대규모 논쟁이 벌어지고 있다. 모차르트와 슈베르트는 알츠하이머 병이 발병할 수 있는 최소한의 나이가 되기 훨씬 전에 죽었다. 그렇다면 받아들일 수 없는 것으로 미리 규정할 수 있는 기능 저하에는 어떤 것들이 있겠는가? 그 토론에 기여한 책과 논문들을 읽으면서, 나는 내가 알고 있는 명석하고 예지가 번뜩이는 신체장애자들을 끊임없이 생각했다.

결정적인 해답은 없다고 말하는 것은 교묘한 회피 수단에 불과할까? 타인의 정체성에 영향을 줄 수 있는 새로운 가능성의 장(場)에는, 경이로운 약속들과 용납될 수 없는 위험들이 동시에 감추어져 있다. 어쩌면 바로 그렇기 때문에 더욱더, 우리에게 주어져 있고 타인들이 겪어내야 할 다양한 상황들 앞에서 현재 우리가 취하고 있는 대응 방식의 이유와 목적에 대해 쉼 없이 자문해야 할 것이다.

## 강요되는 죽음, 부여받은 생명

분명하게 말할 수 있는 것이 한 가지 있다. 살인은 하나의 정체성에 종지부를 찍는 행위라는 것이다. 영혼의 사후 존속과 장차 부활을 믿는 지금 현재의 신앙인이라 해도 마찬가지다. 최후의 날이 되어 죽은 자들이 일어날 때, 그들은 다른 사람들일 테니까. 그런데 우리는 누구를 죽이는가? 군인이든 민간인이든 전쟁에서 죽는 사람들은 개별화된 한 개인으로서가 아니라 공동체의 일원으로서 죽는다. 인간 존중의 윤리를 표방하면서도 사형제도를 존속시킨 숱한 나라의 사형수들은 경우가 다르다. 우리는 어떤 죄수가 범죄를 저지른 자와 동일인이라는 전제하에 그를 죽인다. 18살이었던 1978년 5월에 사형을 언도받고 1990년 5월에 형이 집행된다 해도 그렇다. 혹은 범죄 당시에는 15살이었고 형을 받을 때는 17살이었으며 형이 집행될 때는 25살이라 해도 마찬가지다. 미국의 경우—미국의 50개 주 중에서 38개 주가 사형제도를 채택하였고, 26개 주가 사형을 집행하고 있다—아직 완전히 정체성이 형성되었다고 말하기 곤란한 젊은이들, 그리고 백인들보다는 주로 약자와 가난한 자, 흑인들에게 사형이 내려진다는 점에서 상황은 더욱 충격적이다.

자살은, 적어도 표면상으로는, 자아의 정체성과 관련된 아무런 문제도 제기하지 않는다. 자살자는 스스로의 인격을 소멸시키기로 자유롭게 선택하지 않았는가? 이러한 반문에 대해서는 사실, 다음과 같은 두 가지 예로 반론을 제기할 수 있다. 몽테를랑*이 자기 권총의 방아쇠를 당겼을 때, 그는 자기 인격의 실추, 다시 말해서 자기 육체와 지성의 파탄으로부터 벗어나고 싶었던 것이고 그러한 실추가 야기할 정체성의 변화를 피하고 싶었던 것이다. 질 들뢰즈 (G. Deleuze)가 창으로 몸을 던졌을 때, 아마도 그는 개인의 인간성을 박탈해버리는 쇠락에 종지부를 찍고 싶었을 것이고 또한 항구적인 고통에서 벗어나고 싶었을 것이다. 그런 의지를 왜 이해하지 못하겠는가? 쇠락으로 인해 다른 사람이 되어버리기 전에 죽고 싶다는 욕망이 어느 날 문득 들 수도 있겠다는 생각을 어떻게 하지 않을 수 있겠는가?

그러나 어떤 순간부터, 또는 차라리 어떤 순간까지, 자살은 자살자의 자유 의지의 발로인가? 의사 치고, 극심한 고통에서 벗어날 수 있도록 죽게 해달라는 요구를 들어주지 않은 데 대해 예전의 환자가 고마워하는 일을 당해보지 않은 사람이 어디 있는가? 그리고 특히 젊은이들의 경우에 얼마나 많은 자살 시도가 사실은 극심한 정신적 고통의 순간에 표현된, 이해받고 싶다는 의식적·무의식적 욕구 또는 호소와 관련되어 있는가! 자살에 실패하지 않는 최상의 방법들을 자세히 설명한 어느 책을 판매 금지시킨 사법부의 판단은 옳았다. 살려달라고 호소하는 대신 죽으라고 그 책

* 몽테를랑(H. de Montherlant, 1896~1972)은 '영웅적인 삶의 이상'을 찬양한 프랑스의 작가로 '갑자기 눈이 멀어버릴 것 같은 두려움'에서 벗어나기 위해 자살하였다. 극작가 겸 소설가였던 로제 페르피트와 동성애 관계에 있었던 것으로 알려져 있다.

은 부추기고 있기 때문이다. 우울증에 사로잡힌 사람의 죽음도 자유로운 선택이라고 말할 수 있는가? 1993년 5월 25일 헤이그 고등법원은 우울증에 빠진 50대 여인에게 치사량의 수면제를 투여한 일반의 한 사람과 정신과 의사 한 사람에게 무죄를 선고하였다. 법관들은 심리적인 고통이 육체적인 고통에 버금가며, 환자의 죽고자 하는 의사(意思)가 전혀 정신적인 착란의 결과가 아니었다는 점을 인정하여 충격을 주었다.

네덜란드에서는, 치유 불능의 고통을 겪는 사람에게 자살을 도와주는 방식의 '안락사'가 허용되기 때문이다. 치유 불능이라고 누가, 어떻게 결정하는가? 고통과 인격 실추의 정도를 보고 결정한다. 죽고자 하는 욕구가 표현되고 안되고는 중요하지 않다. 이 문제에 대해 단호한 생각을 가진 사람들의 자신감이 나는 조금도 부럽지 않다. 내게는 다만 모든 사람들과 공유했으면 싶은 몇 가지 확신이 있다. 첫째로, 의학적 수단에 의한 생명 연장은, 다시 말해서 인공 생명에 불과할 경우도 있는 생명을 억지로 연장시키려는 의지는 인격에 대한 존중보다는 대개 의학적인 실험의 열정에서 비롯된다. 두번째로, 임시 대증(對症)요법 센터들이 설치되면서 아주 긍정적인 혁신이 이루어졌다. 피할 수 없는 죽음의 마지막 순간까지 계속되는 따뜻한 보살핌과 육체적인 고통의 현저한 감소가 개인의 정체성을 온전히 유지시켜주었다. 그런 식의 존엄성에 대한 배려가 빠져 있기 일쑤인데, 그럼으로써 쉽사리 자아가 해체되고 결과적으로 안락사의 유혹을 가중시키는 것이다. 많은 의료기관, 죽음을 기다리는 노인들을 위한 '노인 병원'에 대해서도 같은 말을 할 수 있을 것이다. 노인들을 돌보는 한 단체는 극도로 쇠약해져서 지적인 능력도 상실하고 간호사들의 멸시를 받아가며 간신히 삶을 영위하는 몇몇 노인들에게 나일강 일주여행을 시켰다. 무슨 특별한 치료를 받은 것도 아니었는데 노인들은 기력을 되찾아서 돌아왔고, 그들의 조리정연한 모험담은 간호사들로 하여금 그들을 존중하게끔 만들었다.

환자들과 노인들이야말로 정체성이 가능한 한 잘 유지되어야 하는 사람들이다. 실존의 다른 쪽 끝은 사정이 어떠한가? 가장 확실한 것 가운데 하나는, 피임이 생명을 끝장내지는 않는다는 사실이다. 로마교황청처럼 피임과 낙태를 한꺼번에 비난하는 것은 백 번 양보해서 생각해도 사리에 맞지 않는다. 캘커타의 거리에서 빈곤으로 죽어가는 수백명의 어린아이들을 있는 힘껏 도우면서도 교황의 교의를 분명하고 단호하게 주장하는 마더 테레사의 완고함을 보면,

나는 솔직히 어떤 두려움의 감정을 느끼게 된다.

나는 생명이라는 개념과 인격이라는 개념을 같은 차원에 놓는 것도 이해할 수 없다. 임신 직후에 제거된 수정란은 생명체이긴 하지만 아직 인격은 아니다. 반대로, 탄생 순간까지 태아의 삶을 찍은 아름다운 필름들을 보노라면, 임신 중절이 마치 임신부에게서 대수롭지 않은 무슨 짐을 내려주는 것인 양 이야기하는 사람들도 나는 이해할 수 없다. 내 생각에는 "피임과 낙태에 대한 여성들의 권리"를 규정한 1993년의 니에르츠법은 지나치게 포괄적이다. 그렇지만 만약 내가 1992년 11월 20일에 국회의원이었다면, "임신의 최초 단계에서부터 인간은 하나의 인격이다"라고 규정한 수정안을 나도 다수당처럼 거부했을 것이다. 그리고 "삶이 시작되는 순간부터 지켜져야 할, 모든 인간에 대한 존중의 원칙이 태아에게는 적용될 수 없기 때문에" 어떤 상황에서는 정상 수치 이상의 태아는 제거될 수 있다고 선언한 1994년 7월 27일자 헌법위원회의 결정에도 나는 충격을 받지 않았다.

일단 이렇게 말하고 나니, 중요한 문제가 남는다. 태어날 아이의 미래의 자유에 대한 보호와 여성의 자유 사이의 갈등이라는 문제이다. 여성의 정체성을 출산의 의무로 축소시키는 남성들의 태도가 나는 못마땅하다. 1993년에도 독일 헌법재판소는 "임신을 끝까지 진행시켜야 할" 법적 의무의 개념을 전개하였고, 상담을 의무화하는 동시에 중절을 만류하는 것도 상담자의 의무로 규정하였다! 1974년과 1979년에 베이유 법을 둘러싸고 의회에서 벌어진 중요한 논쟁에서, 의학 교수인 조세프 코미티는 드골파 의원인 미셸 드브레에게 이렇게 대꾸하였다. "비자르 장군이나 쓸 법한 노골적인 표현을 용서하십시오. 여자는 의무적으로 농장의 목축 자산을 다시 일구어야 하는 암송아지가 아닙니다." 모든 의사(醫師) 국회의원들은 그 법이 가난한 여성들이 불법 낙태를 받다가 죽는 일을 예방해줄 것이며, 수술 당시의 여성의 외로움을 생각한다면(거의 대부분의 경우 남편이나 동거자는 오지 않기 때문에) 남성들이 좀더 신중해져야 할 것이라고 지적하였다. 그런 신중함의 한 예를 미국 최고 법원의 판사들은 유명한 1973년 판결의 이유서에서 보여주었다. 그들은 생명의 시작에 대한 논쟁에 종지부를 찍을 능력이 자신들에게 없으며, 또한 앞서 말한 두 가지 자유 사이의 갈등 때문에 혼란스럽다고 말하였다.

동시에, 모든 증언들이 한결같이 말해주듯이 임신중절에서 해결책을 찾은 대부분의 여성들이 입게 되는 정체감의 상처를 어떻게 도외시할 것인가? 그 상처는, 프랑스 여성의 1/3은 여전히 쓰지 않는 방법이지만, 피임을 했더라면 피할 수도 있었을 상처이다. 또한 이 사회가 비난하는 대신 도움을 주었더라면, 피할 수도 있었을 상처이다. 독일의 사민당은 줄곧 공약으로 제시했던 유아 놀이방의 설치를(독일에는 유아원이 없다) 예산에 올리지 못하고 말았다. 프랑스의 탁아소는 여전히 부족하다. 그래서 나는 내 오랜 친구인 노르망디 출신의 한 여자를 생각하게 된다. 열렬한 가톨릭 신자인 그녀는 오래 전부터 낙태를 줄이려는 목적의 사회사업을 이끌어왔다. 예컨대 가사(家事) 원조를 제공함으로써, 태어날 아이의 양육을 책임질 수 없다는 사실에 임신한 여성의 결정이 좌우되지 않도록 하는 것이다.

아이의 존재는 부모의 정체성을 놀라울 정도로 풍요롭게 만들어준다. 이 점은 반드시 짚고 넘어가야 할 사항이고, 널리 공표라도 해야 할 사항이다. 앞서의 논쟁에서 미셸 드브레가 올바르게 지적하였듯이, 아이는 이제 초등학교에서부터 안 갖는 방법을 가르치는 대상이 되었다. '시험관 수정후 이식'(FIVETE)의 방법으로 태어난 아이라면 혈통상의 정체성이 불확실할 수도 있다. 그렇지만 일반적으로 아이의 존재는, 작은 책자지만 대단한 저서인 『순수 정치학』(1963)의 「타인 속의 자아」라는 장에서 베르트랑 드 주브넬(B. de Jouvenel)이 서술하고 있는 아주 중요한 생각 하나를 증명해준다.

부모는 주고 아이들은 받는다. 부모로부터 아이들 쪽으로
는 서비스와 용역의 일방적인 내리흐름이 있다. ……따라서
성인이 된 우리의 삶 속에 애정과 보살핌과 도움에 대한 기
대의 어떤 흔적들이 남는 것은 당연한 일이다. ……독신자 클
럽에서 영감을 받은 듯한 그러한 사회 묘사들 속에서는 그런
기대가 전적으로 무시되고 있다. ……사람들은 인류가 증여
없이는 존속할 수 없었으리라는 사실을 잊은 듯하다. 그리고
증여가 교환보다 더 중요하다는 사실도.

## 성과 사랑

‘어머니라는 상스러운 단어’. 『위대한 신세계』에서 헉슬
리는 가치 전도의 아름다움을 그렇게 풍자적으로 묘사하였
다. 모든 사람들이 시험관으로 태어나고 섹스는 아무런 감
정 없이 재미와 건강을 위해서 하고, 그러면 사회는 행복할
것이다……. 1950년에 앙드레 모로아(A. Maurois)는 『오그
라디 박사의 새로운 견해』에서 그러한 가치 전도의 귀결을
상상하고 있다. “1964년에 영국의 수상은 부부간의 정조를
존중한다는 이유로 여론과 언론으로부터 사임을 강요당하
였다. ……1963년에는 브러쉬우드 양의 유명한 소설 『부부
생활의 행복』이 출간되었는데, 그 책에서 작가는 너무나 뻔
뻔스럽고도 파렴치하게 정조, 정상적인 사랑, 깨어질 수 없
는 결혼의 기쁨을 그렸다.”

'성의 혁명'은 성이 정체성의 일부분이라는 사실을 인정하게 만들었다는 점에서 중요한 진보였음에 틀림없다. 가톨릭 교회조차도 생식이 성행위의 유일한 목적이 아니라는 것을 인정하였다. 절대 비난할 수도 없고 수치스러울 수도 없는 기쁨을 고려할 때, 성행위는 사랑의 증거이자 사랑의 보약이기도 하다는 것이다.

하지만 그렇다고 해서 모든 성행위가 해방적인 기능을 갖지는 않으며, 모든 성행위가 개인의 정체성을 강화시켜주고 더 긍정적으로 만들어주지도 않는다. 보다 월등한 인간적 상태가 있고 존엄성에도 등급이 있다는 것을 인정하는 순간부터, 모든 것을 같은 차원에 놓고 볼 수는 없기 때문이다. 여자는 남자의 욕망을 받아들일 수밖에 없는 수동적인 존재라는 생각이 많은 책과 영화 속에 은연중 되살아나고 있다는 점에서 특히 그렇다. 그런데 인간을 타락시키는 일탈의 대상까지 '금기'라고 부르고 인간을 왜소하게 만드는 것들만이 칭찬의 대상이 된다면, 사회·정치 생활을 통하여 어떻게 우리가 인간의 존엄성에 대한 존중을 주장할 수 있겠는가? 1995년 3월에 《텔레라마》지(誌)는 한 영화에 최고의 평점을 주면서 열광적인 해설을 실었다. "하나의 균열 속으로 모든 금기들이 휩쓸려 들어가버릴 것이다. 근친상간의 욕망, 살인, 절도, 매춘, 영아살해." 비평은 다음의 문장으로 끝을 맺고 있다. "돌이킬 수 없는 내적 혼돈에 빠져버린 가브리엘은 영락의 정점에 있다!" 이 표현이 고스란히 하나의 경향을 표현하고 있지만 않았다면, 게다가 단호하게 인간의 존엄성과 타인에 대한 존중을 주장하는 주간지에 실리지만 않았다면, 그저 웃어넘길 수도 있었을 것이다.

1945년 이후의 법률 텍스트들을 검토한 다음 마지막 장의 제목을 「규범 없는 성을 위하여」라고 붙인 『사랑의 법칙—프랑스에서의 성의 정치』라는 책을 읽으면서, 나는 사랑과 성의 혼동에 분노를 느낀다. 예를 들어, 두 사람 중의 한 사람이 노화나 질병 때문에 쇠약해지고 나면 부부는 아무런 사랑 없이 삶을 이어갈 뿐이라는 주장을 받아들여야 하겠는가? 그렇지만 1990년 10월 4일자 《누벨 옵세르바퇴르》지(誌)에 전면으로 실린 볼렝스키(G. Wolinski)[*]의 그림 하나를 다시 들여다보노라면, 분노는 미소로 바뀐다. 그 그림에는 침대 위에 알몸으로 웅크리고 있는 예쁜 처녀와 후위 자세로 그녀에게 삽입하고 있는 잘 생긴 사내의 모습이 있다. 남자가 "당신과 손을 잡고 들판을 산보하고 싶어"라고 말하자, 여자가 고개를 돌려 대꾸한다. "그럴 정도로 당신을 사

---

[*] 튀니지 태생(1934)의 프랑스 풍자 만화가. 풍속과 상식에 대한 신랄한 야유가 그의 작품의 특징이다.

랑하지는 않아." 감정과 성을 동일시하는 일의 어리석음을 몇 개의 선과 한 마디 대꾸로 아주 잘 드러내고 있는 것이다.

부부관계는 지속되어야 한다는 생각에 선뜻 동의하지 못하는 사람들의 태도를 나는 이해할 수 있다. 그 망설임은 부부라는 정체성의 영속성에 의문을 제기하고 있기 때문이다. 많은 부부들이 이혼한다면, 그 이유는 무엇보다도 그들이 상대방으로부터 영향받는 것을 수락하지 않기 때문이다. 반면에 성공한 부부의 경우에는, 상대방에 대한 기대와 상대방의 존재에 의해 두 사람 각자의 인격이 깊어지고 넓어진다. 교회가 고집하는 여러 가지 금지 사항들과 처벌에 관한 한, 가톨릭 교회는 비난을 받아 마땅하다. 그렇지만 어느 날 저녁 텔레비전에서 프랑스 주교단의 대변인인 디 팔코 신부가 에이즈 예방을 위해 사용되고 있는 콘돔에 대한 자신의 견해를 피력하는 것을 들으면서, 나는 얼마나 기뻤는지 모른다. 그 요점은 이렇다. "교회는 살인에도 자살에도 찬성하지 않습니다. 교회는 좀더 월등한 인간의 상태가 있다고 생각합니다. 정조는 하나의 가치입니다. 그것을 실천하지는 못하더라도, 자신을 지키고 다른 사람들을 지켜주어야 합니다. 그렇다고 그것을 명예스럽게 생각하지는 말아야 합니다." 정조가 꼭 끔찍한 구속만은 아니다. 아직

젊었을 때에도 나는 학생들 앞에서 사랑을 함께 늙어간다고 생각할 때 느끼는 기쁨이라고 정의하였다. 그 정의가 청중들로부터 열렬한 동의를 이끌어냈다고 말한다면 물론 과장일 것이다. 그렇지만 반드시 성행위와 결부되어 있지는 않은 풍요로운 관계라고 내가 치켜올렸을 때, 학생들의 반응은 그다지 회의적이지 않았다.

두 사람의 성숙을 가능케 하는 한 쌍의 사랑이 동성애일 수도 있다. 나는 쟝 콕토가 쟝 마레(J. Marais)*에게 보낸 연시와 사랑의 편지들에 필적할 만한 것들을 별로 알지 못한다. 동성애의 선천적인 요소와 후천적인 요소에 대한 현재의 논쟁이 어떻게 마감될지는 알 수 없지만, 나로서는 두 가지 극단주의만은 받아들이기 어렵다. 동성애를 이성애와 꼭 마찬가지로 정상적인 것으로 인정받게 하려는 극단주의와, 실상은 인간의 정체성을 욕망의 대상 추구자(또는 정복의 기회를 추구하는 자)로 축소시키는 것에 불과한 다성애(多性愛)를 정당화하고 싶어하는 극단주의가 그것들이다. 몸 파는 아랍 소년들이 드나드는 공중 변소에서나 들을 수 있을 교묘한 수작들을 주고받는 로제 페르피트(R. Peyrefitte)**와 앙리 드 몽테를랑 사이의 편지를 읽다 보면,

* 쟝 콕토에 의해 발탁된 프랑스의 배우. 대표 작품으로 <미녀와 야수>가 있다.

얼마나 역겨워지는가!

사랑이 개인의 정체성을 확장시키는 유일한 감정은 아니다. 우정도 그럴 수 있다. 『앙피트리옹 38』에서 쟝 지로두(G. Giraudoux)는 우정을 이렇게 묘사하였다.

> 당신이 말하는 우정이 어떤 것인지 내게 말해봐요. 일종의 열정인가?(쥬피터) — 격렬한 열정이죠.(알크멘느) — 그 의미는 뭔데? — 의미요? 의미 이전의 몸 전체지요. — 그 목표는? — 우정은 전혀 닮지 않은 인간들을 서로 맺어주고 동등하게 만들어줍니다.

사랑이 자기 상실이면서 동시에 자기 심화라면, 꼭 사람만이 대상이 되지는 않는다. 신자는 신을 사랑하고 신의 사랑을 느낀다. 또는 신의 사랑을 느끼지 못하여 괴로워한다. 쟝 드 크루아에서부터 테레즈 리지외에 이르기까지, 내면의 어둠을 끔찍하게 묘사한 신비주의자들이 얼마나 많은가! 신비주의적인 경험이 완성될 때나 불교적인 명상이 그 가장 높은 경지에 도달할 때, 그때 이루어지는 것은 개인의 정체성의 완성인가 아니면 정체성의 무화인가? 두 가지 해석 모

---

** 20세기 프랑스의 극작가 겸 소설가. 현실 사회의 추악함과 비열함에 대한 노골적이고 신랄한 야유로 1940~1950년대에 선풍을 일으켰다.

두 타당성이 있지만, 나는 영적 경험의 결과나 파급 효과를 기준으로 비교적 분명한 구별이 가능하다고 생각한다.

영성이 존재하기 위해서도 그렇고 영성을 깨닫기 위해서도 그렇고, 꼭 신이나 종교가 필요한 것은 아니다. 예를 들면, 인간 집단 속에서도 그런 일이 가능하다. 무리를 이루는 것은 인간의 품위를 떨어뜨리지만, 공동체를 이루는 것은 인간의 존재를 드높여준다. 차이는 수효가 아니라 개인상호간에 어떤 관계가 형성되는가에 있다. 무리가 되는 것은 도피하는 것이다. 공동체의 일원이 되는 것은 더 나아진 자신을 발견하는 것이고, 개인상호간의 관계 그 자체에 의해 타인들로 하여금 더 나아진 자신을 발견하도록 해주는 것이다. 다른 한편으로, 신앙이 없는 사람은 기도에 의한 고양을 신자의 자기 침잠으로 이해할 수도 있고 개인 정체성의 제약에서 벗어나게 해주는 도피로 이해할 수도 있다.

음악적인 경험도 내게는 마찬가지라고 생각된다. 나는 아직도 록에 맞추어 춤추기를 좋아하지만, 생경한 조명과 엄청난 소음이 야기하는 흥분 속에서 팔을 흔들어대는 수많은 젊은이들의 자기 상실을 보면 두려워진다. 그들의 흥분은 슈베르트의 「두 대의 첼로를 위한 오중주」나 슈츠의 「진혼곡」에 몰입해 있을 때의 내 흥분과는 종류가 다른 것 같다. 정신적인 흥분은 그 순간이 지나고 나면 일종의 빛과 열기를 가져다주고, 그 빛과 열기 덕분에 우리는 타인에 대한 열린 자세와 평온함을 갖게 된다. 이제 그런 결과가 어떤 근거에서 다른 것들보다 월등한 것으로 간주되어야 하는지를 알아보고 설명해야 할 차례다.

# 결론―무엇의 이름으로?

국가 공동체에서부터 개인의 육체에 이르기까지, 이 책의 앞선 장들에서는 끊임없이 두 겹의 현실이 문제가 되어왔다. 확인가능한 사실들로 이루어진 현실과 그 사실들이 정신 속에 남기는, 가치판단에 의해 어느 정도는 변형되고 취사선택된 이미지들과 신념들로 이루어진 현실. 콜레쥬 드 프랑스의 취임 강의에서 피에르 부르디외가 말한 것처럼 단정적으로 말하기 위해서는 과학주의적인 환상이 필요하다. 부르디외에 의하면 사회학자는

계급들, 지역들, 국가들 사이의 경계를 말할 수 있고, 사회 계급이 존재하는지 그렇지 않은지, 그리고 존재한다면 얼마나 존재하는지를 과학의 권위로써 결정할 수 있으며, 임의

의 사회 계급—프롤레타리아, 농민, 프티 부르주아—이나 임의의 지리적 단위—브르타뉴, 코르시카, 옥시타니—가 실재인지 허구인지를 결정할 수 있다.

이른바 과학적인 분석도 학자 자신의 신념을 필두로 한 여러 가지 신념들로부터 자유롭지 못하다. 같은 콜레쥬 드 프랑스의 취임 강의에서 레몽 아롱은, 자기로서는 자신의 조건들로부터 완전히 벗어나는 것이 불가능하다고 밝혔다.

아버지의 역할, 시민의 역할, 선생, 기자, 버스 승객, 휴가객의 역할—내가 하는 역할이 무엇이든, 나는 어떤 행동 모델들을 따르고 어떤 관습들을 존중하며 어떤 요구들에 복종한다.

피에르 부르디외의 말은 그보다 덜 겸손하다.

일반적으로 어떤 집단에 애착을 갖게 만드는 밀착과 지지 관계를 파기해버리지 않는다면, 사회적인 소속을 구성하는 신념들을 버리지 않는다면, 온갖 종류의 연고(緣故)를 부정하지 않는다면, 우리는 사회학에 발을 들여놓을 수 없다. …… 사회학자는 사회적인 조건들을 드러내는 과학인 사회학 그 자체에서 사회적인 조건들에 대항하는 무기를 발견한다.

그런 절대적인 초연함이 바람직한 것도 아니다. 자신의 생각으로부터 한 발짝 거리를 두는 것, 레몽 아롱의 표현에 따르자면 개인의 자기 인식과 환경에 대한 인식을 돕기 위해 막스 베버식으로 사회 현실을 연구하는 것 — 이는 사회로부터 분리되고자 하는 것과는 다르다. 왜냐하면 동화(同化)만이 사회를 만들고, 동화를 통해서만 모든 정치와 정치적 태도의 목표인 '사회에 대한 영향력 행사'가 가능하기 때문이다. 그 정치는 『윤리와 무한』에서 레비나스가 말했듯이, "하나의 윤리를 기초로 항상 제어될 수 있어야" 한다. 매순간 독자는 가치판단의 존재를 확인했을 것이고, 아마 자기 자신의 가치판단에 따라 반응했을 것이다.

신앙을 가진 독자는 자신의 윤리가 신의 목소리에 근거한다고 생각한다. 때로는, 특히 가톨릭 신자들의 경우에, 배타적인 독점권을 주장하고, 윤리가 반드시 종교에서 출발하지 않을 수도 있다는 것을 인정하지 않으려 하고, 도미니크회(會) 신부인 쟝 피에르 렝탕프가 제기한 다음과 같은 사실을 부정하여 할 것이다.

> 윤리를 확립하는 데 하느님에 대한 믿음이 꼭 필요한 것은 아니다. 윤리는 교회에 속해 있지 않다. 도스토예프스키처럼, "신이 존재하지 않는다면, 모든 것이 허용된다"고 주장하는 것은 인간과 윤리, 신에 대한 아주 보잘것없는 이해를 뜻한다.

그들에게는 자신들이 믿는 신의 정체성이 지난 세기 중반 이래로 얼마나 변했는지를(물론 성서 텍스트 속에서가 아니라 그 해석에 있어서) 지적해줄 수 있을 것이다. 사도 바울이 갈라트인들에게 보내는 편지 가운데 나오는 "이제 더 이상 노예도 없고 주인도 없다. 너희들은 예수 그리스도 안에서 하나일 뿐이다"라는 구절이 "노예들도 기독교인이 될 수 있다"는 의미로 해석되는 대신에 "이제 더 이상 노예 신분은 없어야 한다"는 의미로 해석되기 위해서는, 휴머니즘적인 평등의 이상이 필요했다. 그리고 냉담하게 벌하는 신은, 어떤 의미에서, 고통받는 인간으로 화한 겸허한 신에게 우위를 넘겨주게 되었다. 이제 헨델의 『메시아』에서 제일 중요한 대목은 그 유명한 '할레루야'가 아니라 감동적인 여성 독창의 '그는 절망하였네'("그는 멸시의 대상이었고, 사람들에게 버림받았네. 괴로움에 길들여진 고통받는 인간이었네"), 다시 말해서 예언자 이사야의 종복이 부르는 제5송(誦)이다.

그래서 나의 무신론적 휴머니즘과 내가 존경하는 많은 사람들의 기독교는 인간의 고통을 윤리적인 관심사의 한복판에 놓는다는 점에서 서로 일치한다. 동등한 존엄성을 지닌 인간, 따라서 원칙적으로는 똑같이 성숙에 이를 자격이 있는 인간—그런데 성숙이라는 개념 자체가 보다 월등한 인간의 상태를 전제한다. 그렇다고 해서 자신에게나 타인들에게나, 모세의 율법에 이어 신약에 다시 표명된 "네 이웃을

네 몸처럼 사랑하라"는 요청에 절대적으로 복종할 것을 강요하지는 않는다. 타인을 위해 자신을 희생하기까지 하는 사람들은 소수에 불과하다. 자신을 총살한 독일군 사형집행반을 향해 "멍청한 놈들, 나는 너희들을 위해 죽는거야!"라고 외친 공산주의 철학자 조르쥬 폴리체*가 그런 사람이다. 또한 1986년 브라질에서 살해되기 며칠 전에 다음과 같은 글을 남긴 예수회 수도사 조시모 모라에스 타바레스(J. M. Tavares)도 그런 사람이다.

> 나는 억압받는 민중인 무방비의 가난한 농민들을 위한 투쟁에 뛰어들었다. ……내가 침묵한다면 누가 그들을 지키겠는가? ……처자를 남겨둔 채, 자신들의 땅에서 쫓겨나고 살해된 수많은 아버지들과 농민들의 죽음에 비하면, 나의 생명은 하찮다.

타인에 대한 염려가 행동으로 옮겨지는 공간은 불가피하게 정치적인 영역일 수밖에 없지만, 타인을 염려한다는 사실 자체만으로도 이미 아름답다. 협소한 소속을 뛰어넘어 연대성의 윤리를 실천할 수 있으려면 자기 연마가 필수적인 선결요건이 된다. 타인을 훈련시키는 일과 마찬가지

* 조르쥬 폴리체(G. Politzer, 1903~1942)—프랑스의 마르크스주의 철학자. 전통적인 심리학과 정신분석을 비판적으로 수용하여 물질적·사회적 관계 속에서 본 총체적 인간의 해명을 목표로 하는 심리학을 시도하였다. 제2차세계대전중 독일군에 의해 총살되었다.

로, 그 자기 연마의 토대는 카프카의 악몽과는 정확히 정반대의 변신 가능성에 대한 믿음이다. 인간에서 벌레로의 변신이 아니라 대상에서 주체로, 소외에서 끊임없이 확장되는 자유로의 변신 말이다. 일종의 편입된 자유, 즉 사회적인 역할에 함몰되지는 않으면서 그 역할을 감당해내는 것.

극단적인 무관심, 특히 개인의 정체성 보존을 구실로 하는 무관심은 사뮈엘 베케트의 『승부의 끝』에 나오는 부정적인 인물인 함(Ham) 식의 끔찍한 확인으로 귀결된다. "(나는) 항상 없었지. 모든 게 나와는 상관없이 이루어졌어." 폐쇄적인 자기 집착은 이오네스코의 『왕이 죽어가고 있다』에서 마르그리트 왕비가 내뱉는 마지막 부정에 연결된다. "정말 쓸데없는 소동이었어요, 안 그래요?" 대타적인 효용이라는 기준이 없으면 죽음과 구별되는 이 삶의 시간에 사실상 의미를 부여하기가 어렵고 동화된 정체성을 수용하기도 어렵다.

방향지워진 삶, 다시 말해 시간 속에서 참여를 통해 영위되는 삶을 위하여, 자유로운 동화는 절대적 자유를 제한할 것을 요구한다. 일종의 진정한 자기억압을 통하여. 타인의 정체성에 대한 고려와 짝을 이루는, 자기정체성을 축소시키면서 동시에 해방시키는 작업을 통하여. 여러 덕성들 중에서도 가장 필요한 덕성인 남을 존중하는 마음을 발휘함으로써. 강자들 앞에서의 비굴한 존중심이 아니라 약자들, 특히 우리에게 영향을 받는 사람들에 대한 존중심을 발휘함으로써. 다른 소속에 근거하는 타인들의 정체성을 존중하지 않으면서 어떻게 정의와 연대를 거론할 수 있겠는가?

이렇게 동일시와 자기동일시의 난점들을 분석하면서 논리적인 일관성을 유지하고자 할 때, 필연적으로 우리는 소속된 공동체의 미래를 제어·설정하기 위한 시도들에 참여할 것을 요청받게 된다. 다시 말해서, 진정으로 시민적인 정치 참여의 필요성과 대면하게 되는 것이다.

# 역자 후기


　이 책에서 저자가 분석 대상으로 삼고 있는 것은 '정체
성'이라는 개념이다. 그런데 서론에서 저자 자신도 언급하
고 있는 것처럼, 예컨대 그는 '독일에서 태어난 유태계 프
랑스인'이다. 20세기 초에 유럽인들이 겪은 역사적인 경험
들을 고려할 때(특히 1925년 생으로 청소년기에 제2차세계
대전을 겪었을 저자의 입장을 고려할 때), 신분상의 그러한
복합성이 저자의 삶에 미쳤을 파장은 미루어 짐작할 수 있
다. '인간'이라는 보편적인 정체성을 강조하는 전통적 휴머
니즘의 관점에서 본다면, 저자가 말하는 인종적·국가적 정
체성은 그다지 중요한 것이 아닐 수도 있다. 그러나 '인간'
이라는 보편적인 정체성이 불의와 부정에 대한 비판의 준

거가 되고 모든 인간 행위의 궁극적인 목표로 설정될 수는 있다 하더라도, 사회·정치적인 삶 속에서 실제로 영향력을 행사하는 것은 언제나 '귀속된' 개인과 집단의 판단·행위라는 것이 저자의 생각이다. 저자는 '집단의 현재와 미래를 총체적으로 조절·관리·방향설정하기 위하여 행사되는 권력과 힘의 총체'를 정치라고 규정한다. 바꾸어 말하면 각각의 개인과 집단이 자신의 미래를 구상하고 기획하기 위하여 행사하는 사회적인 영향력의 총체가 정치인 셈이다. 그러므로 정치는 항상 충돌과 갈등의 장이 될 수밖에 없고, 각각의 정치 행위자인 집단과 개인이 스스로를 어떻게 규정하는가 하는 것이 중요한 변수로 작용한다. 우리는 모두 각자의 의식·무의식적인 공감의 정도, 그리고 각자가 소속된 사회집단이 은연중 부과하는 사고와 판단의 양식에 따라 어떤 대상이나 사태를 분석하고 판단하기 때문이다.

그런데 개개인의 정체성은 한없이 복잡하고 미묘하다. 때로 한 개인의 정체성은 여러 가지 서로 모순되는 소속들의 총합이기까지 하다. 요컨대 이 책의 의도는 *Les Identités Difficiles* 라는 원제가 말해주듯이, 정체성의 근본적인 복합성과 애매성을 드러내는 데 있다. 그렇지만 저자의 관점에서 보다 중요한 것은 정체성에 대한 올바른 인식이 오늘날 '정치적으로 올바른 사유와 행동'의 필수 불가결한 조건이라는 사실이다. 그 점을 저자는 '논리의 일관성과 윤리적인 판단은 별개의 것이 아니다'라는 명제로 압축하여 표현한다. 이는 정체성의 문제가 필연적으로 타자와의 관계를 연루시키는 문제라는 사실과도 관련이 있겠지만, 그보다는 사회·정치적인 현상을 분석하는 저자의 근본적인 입장, 즉 하나의 현상을 일의적으로 설명하는 것은 근본적으로 불가능하다는 입장과 관련된 명제이다.

저자가 보기에 사회·역사적 인과관계를 이루는 결정 요인들은 극도로 다양하다. 다시 말해서 하나의 인과관계는 다원적으로 결정된다. 하나의 현상을 결정짓는 인과관계의 고리들을 총체적으로 설명하는 것은 사실상 불가능하다. 그리고 특정 인과관계를 강조하면서 하나의 현상을 설명하려는 시도는 그 현상에 대한 설명 주체의 특별한 관점에 연결되어 있기 마련이다. 예컨대 아프리카가 겪고 있는 모든 악의 근원을 서구의 식민정책에서 찾으려고 하는 아프리카 지식인의 태도는 그의 정치적인 열정이나 신념과 밀접하게 관련되어 있을 것이다. 따라서 분석자의 입장에서나 개인·집단의 입장에서나, 하나의 윤리가 필연적으로 요청된다. 가장 경계해야 할 일은 현실을 총체적으로 이해했거나 이해할 수 있다는 확신을 갖는 것, 그럼으로써 자신의 정치적 판단이나 행위가 절대적인 진리에 근거하고 있다는 믿음을 갖는 것이기 때문이다.

저자의 이러한 기본 입장은 하나의 현상에 대한 분석에서 이항 대립적인 요소들을 항상 동시에 고려하려는 노력으로 나타난다. 예컨대 모든 역사적인 현상은 일정한 연속성과 동일성을 지니는 것으로 가정될 경우에만 과학적인 분석의 대상이 될 수 있을 것이다. 그러나 모든 것은 시간 속에서 변하기 마련이다. 가령 정체성을 거론할 때 흔히 사용되는 범주들인 계급이나 세대, 지역과 국가 사이의 경계는 과연 고정적인 실체인가? 게다가 각 개인과 개별 집단의 경험 속에서 역사의 시간은 한없이 다양한 방식으로 존재한다. 따라서 저자는 역사 속에는 연속성과 단절이 동시에 존재한다는 원칙을 견지하려 애쓴다. 공간의 차원에서도 마찬가지다. 정치 체제에 대한 설명에서 저자는 국가 사회라는 단위에 특권적인 지위를 부여하는 대신에, 인종적·계층적·지방적·초국가적 단위들의 중요성을 똑같이 고려에 넣는다.

같은 맥락에서, 특히 정체성과 관련하여 저자가 강조하는 중요한 사실은 국가 공동체에서부터 개인의 신체에 이르기까지 모든 것이 두 겹의 현실성을 갖는다는 점이다. 이른바 확인 가능한 사실들, '물리적인 사실들'의 차원은 현상에 대한 분석에서 흔히 가장 중요하게 고려되는 대상이다. 그렇지만 각각의 행위자들이 그 객관적인 사실들을 어떻게 '표상'하는가 하는 문제가 여전히 남는다. 그 '표상들이 구성하는 현실'의 차원도 '객관적인 현실' 못지 않게 중요한 정치적 결과를 낳기 때문이다. 가령 나의 성별과 직업, 사회적인 소속 따위는 나를 규정하는 객관적인 현실이지만, 내가 그것들을 나의 내면 속에서 어떤 식으로 표상하는가 하는 것도 나의 사고와 행위를 규정하는 또 다른 중요한 현실이다. 그래서 정체성 형성에 영향을 미치는 교육제도와 미디어, 이른바 '집단적인 기억'을 전수하는 사회적인 장치들에 대한 비판적 분석 작업이 반드시 필요하게 된다. 예컨대 미디어는 우리의 현실 인식에 엄청난 영향을 미친다. 물론 각 개인은 미디어가 전하는 정보들을 이미 형성된 자신의 신념 체계에 따라 수용할 것이고, 그렇게 수용된 정보들이 다시 각자의 신념 체계에 변화를 가져올 것이다. 어쨌든 중요한 것은 사태의 근본적인 복합성과 애매성을 끝까지 존중하는 것이다. '나는 누구인가? 우리는 무엇인가? 나나 우리는 그들을 누구라고 규정하는가?' 너무나 단순해 보이는 질문들이지만, 이 질문들이 바로 저자가 말하는 '정치적으로 올바른 사고와 행동'의 기초가 되는 질문들인 셈이다.

　　행위의 공간은 불가피하게 정치적인 공간이다. 다시 말하면 행위자의 소속과 자기 규정, 신념과 가치 체계가 작용할 수밖에 없는 공간이다. 그래서 결국 중요해지는 것이 '윤리'이다. 저자는 그 윤리의 필요성을 말하기 위해 '귀속된 자유'라는 역설적인 표현을 사용한다. 모든 소속과 역사성으로부터 자유로운 '보편적인 인간'은 존재하지 않기 때문이다. 우리에게 요청되는 것은 언제나 역사적인 시간 속에서의 정치적인 참여일 뿐이다. 다만 저자가 강조하고자 하는 것은 그러한 역사적 참여 행위에 반드시 연대성의 윤리, 타자에 대한 존중의 윤리가 동반되어야 한다는 점이다. 예컨대 자신의 사회·정치적 역할을 감당하면서도 거기에 함몰되지 않는 것, 다시 말하면 자기 정체성의 바탕 위에서 '나'와 타인의 정체성을 동시에 변화시키고자 노력하는 것—그것을 저자는 '시민적 정치 참여'라고 부른다. 정체성에 대한 저자의 문제 의식은 타자에 대한 존중과 배려가 오늘날 그 무엇보다도 중요한 미덕 중의 하나라는 각성과 잇닿아 있는 것이다.

알프레드 그로세르(Alfred Grosser)

1925년 프랑크푸르트에서 유태계 독일인으로 태어나 1933년 가족과 함께 프랑스로 이주하였다. 현재 파리 정치학교(시앙스포) 교수이며 정치경제학 관련 책을 여러 권 저술하였다. 비교적 최근의 저서로는 『평화 일지(Le Journal de la Paix)』(L'harmattan, 2001), 『히틀러에 대항한 독일(Une Allemagne contre Hitler)』(Edition Du Felin, 2000), 『서구 유럽의 나라들(Les pays d'Europe Occidentale)』(Documentation Française, 1999), 『나치즘에 관한 10개의 강의(Dix Leçons sur le Nazisme)』(Complexe Eds., 1992) 등이 있다. 레지옹 도뇌르 훈장을 받았고, 1975년에는 '프랑스와 독일, 기독교 신자와 비신자 사이'에서 매개자 역할을 한 공로를 인정받아 독일 출판가 협회가 주는 평화상을 수상하였다.

심재중

1959년생.
서울대학교 불어불문학과 졸업.
동대학원 졸업(불문학 석사·박사)
서울대학교, 서울여자대학교 강사(불문학).
역서로 『문학 텍스트의 정신분석』(장 벨맹-노엘, 동문선, 2001, 공역) 등이 있다.

한울 - 시앙스포 총서 7
**현대인의 정체성**

ⓒ 도서출판 한울, 2002

지은이 | 알프레드 그로세르
옮긴이 | 심재중
펴낸이 | 김종수
펴낸곳 | 도서출판 한울

편집책임 | 고경대
편집 | 백은정

초판 1쇄 인쇄 | 2002년 5월 30일
초판 1쇄 발행 | 2002년 6월 10일

주소 | 121-801 서울시 마포구 공덕1동 105-90 서울빌딩 3층
전화 | 영업 326-0095(대표), 편집 336-6183(대표)
팩스 | 333-7543
전자우편 | newhanul@nuri.net
등록 | 1980년 3월 13일, 제14-19호

Printed in Korea.
ISBN 89-460-2983-8 94300
ISBN 89-460-0105-4 (세트)

* 가격은 겉표지에 표시되어 있습니다.